V&R

Peter M. Wehmeier

Erfolg ist, wenn es mir gut geht!

Burnout vermeiden durch Selbstmanagement

Mit 3 Abbildungen und 7 Tabellen

Vandenhoeck & Ruprecht

Bibliografische Information der Deutschen Nationalbibliothek

Die Deutsche Nationalbibliothek verzeichnet diese Publikation in der Deutschen Nationalbibliografie; detaillierte bibliografische Daten sind im Internet über http://dnb.d-nb.de abrufbar.

ISBN 978-3-525-40449-2
ISBN 978-3-647-40449-3 (E-Book)

Umschlagabbildung: gualtiero boffi/shutterstock.com

© 2013, Vandenhoeck & Ruprecht GmbH & Co. KG, Göttingen/
Vandenhoeck & Ruprecht LLC, Bristol, CT, U.S.A.
www.v-r.de
Alle Rechte vorbehalten. Das Werk und seine Teile sind urheberrechtlich geschützt. Jede Verwertung in anderen als den gesetzlich zugelassenen Fällen bedarf der vorherigen schriftlichen Einwilligung des Verlages.
Printed in Germany.

Satz: SchwabScantechnik, Göttingen
Druck und Bindung: ⊕ Hubert & Co., Göttingen

Gedruckt auf alterungsbeständigem Papier.

Inhalt

Vorwort 9

Erfolg ist, wenn 11
Selbstmanagement – warum eigentlich? 12
Veränderungen mitgestalten 13
Die Wirklichkeit ist weit weniger witzig als ein Film 14
Was ist Erfolg? 18
Selbstmanagement – was ist darunter zu verstehen? 20
Fünf Aspekte des Selbstmanagements 25

Erkenntnis: Den Blick für die Realität bewahren 26
Alles klar? 27
Aneignung und Selbstmanagement 28
Formen der Aneignung 38
Beeinträchtigung der Aneignung 42
Zweideutigkeit und Aneignung 48
Schritte zu besserer Aneignung 52

Beziehung: Ich bin nicht allein auf der Welt 57
Welche Rolle spielen Beziehungen für das
Selbstmanagement? 58
Beziehung und Selbstmanagement 60
Die Bedeutung der Kommunikation 62
Abhängigkeit und Unterstützung 70
Zeichen der Beeinträchtigung von Beziehungen 71
Verbesserung der Kommunikation 73
Schritte zur Verbesserung von Beziehungen 75

Planen: Die Möglichkeiten entdecken 78
Planung und Selbstmanagement 79
Ziele verfolgen: Was kann ich und was will ich? 86
Ziel-Wert-Klärung 87
Drei Phasen der Ziel-Wert-Klärung 90
Strukturierte Planung 93
Grenzen der Planbarkeit 100

Entscheiden: Aus der Vielfalt wählen 103
Entscheidungen treffen 105
Der Weg zur Entscheidung 109
Abwehr 111
Die Entscheidungsfindung optimieren 118
Auf dem Weg zu besseren Entscheidungen 122
Effektiv entscheiden 125
Intuitiv entscheiden 128
Die richtige Entscheidung? 130

Handeln: Das Machbare umsetzen 132
Was macht unser Handeln aus? 134
Strategien für unser Handeln 137
Grundregeln der Veränderung 140
Effektiver handeln 143
Nicht handeln 146
Hindernisse für effektives Handeln 148

Schritte zu effektivem Selbstmanagement:
Worauf kommt es letztendlich an? 154

Literatur 161

Literaturempfehlungen 163

Personenregister 165

Sachregister 166

I can't solve your problems, but I can help you enjoy them.
Postkarte, 160th Annual Meeting of the American Psychiatric Association, San Diego, 2007

Vorwort

Burnout ist keine Modediagnose. Burnout ist überhaupt keine Diagnose. Burnout ist ein Erschöpfungsprozess, an dessen Ende eine klinisch relevante Depression stehen kann. Psychische Erschöpfung oder Burnout kann jeden von uns treffen. Eine Studie des Robert-Koch-Instituts aus dem Jahr 2012 zur Prävalenz von Burnout bei Erwachsenen in Deutschland zeigte, dass 5,2 % der befragten Frauen und 3,3 % der befragten Männer angaben, unter Burnout zu leiden. Diese Zahlen verdeutlichen auf eindrucksvolle Weise die Größe des Problems und vermitteln eine Vorstellung von dem Ausmaß der Belastung, unter der die Betroffenen stehen.

Während meiner Weiterbildung zum Psychotherapeuten stieß ich auf das Konzept der Selbstmanagement-Therapie des Psychologen Frederick H. Kanfer. Bei dieser Form der Therapie geht es um die konkrete Veränderung im Leben des Einzelnen. Auf konkrete Veränderungen kommt es auch bei Menschen an, die unter Überforderung, psychischer Erschöpfung oder Burnout leiden. Sie können von konkreten Zielsetzungen profitieren. Dazu soll dieses Buch beitragen.

Das vorliegende Selbstmanagement-Konzept beruht auf fünf Grundvorgängen: Aneignung oder Erkenntnis, Beziehung, Planung, Entscheidung und Handlung. Um Burnout zu vermeiden, müssen wir uns mit diesen fünf Grundvorgängen unseres Lebens auseinandersetzen. Wir müssen unseren Blick für die innere und äußere Realität bewahren, zwischenmenschliche Beziehungen als Kontext für unser gesamtes Fühlen, Denken und Handeln verstehen, die Vielfalt der verschiedenen Handlungsmöglichkeiten entdecken, aus dieser Vielfalt wählen und schließlich das Machbare umsetzen können. So können wir unsere Selbstmanagementkompetenz verbessern und Burnout vermeiden. Um diese Kompetenzen geht es in dem Buch.

Es liegt mir fern, die Gedanken anderer als meine eigenen auszugeben. Daher werden die Urheber der in diesem Buch enthaltenen Zitate im laufenden Text namentlich erwähnt. Bei Zitaten aus Büchern oder Zeitschriften habe ich die Quelle im Literaturverzeichnis aufgeführt. Da ich aber auch Vorträge zitiere, die beispielsweise nur in Form von Videoclips vorliegen, war es nicht immer möglich, Zitate bibliografisch zu belegen. Entscheidend ist meines Erachtens aber, dass ein Zitat auf den Urheber zurückzuführen ist, und nicht, dass jedes Zitat philologisch korrekt bibliografiert wird. Da dieses Buch kein wissenschaftliches Fachbuch, sondern ein leicht zu lesendes Sachbuch sein soll, habe ich mich dazu entschlossen, im laufenden Text keine Jahreszahlen und auch keine Seitenzahlen anzugeben. Wer die Quelle eines Zitates unbedingt ausfindig machen möchte, wird das jeweilige Buch genau durchsehen müssen. Wer sich diese Mühe macht, wird durch die Lektüre sicherlich mehr als gut belohnt.

Dieses Buch wäre ohne die Unterstützung, Hilfe und Ermutigung zahlreicher Personen in dieser Form nicht entstanden. Mein Dank richtet sich zunächst an Astrid Papon, mit der ich ein Selbstmanagementprogramm für Führungskräfte entwickelt und bei einem amerikanischen Pharmaunternehmen erfolgreich eingeführt habe. Der Erfolg des Programms hat mich dazu ermuntert, die wesentlichen Inhalte zu einem Buch umzuarbeiten. Hans-Peter Unger und Matthias Bender danke ich für den jahrelangen fachlichen Diskurs zu den Themen Burnout, Erschöpfungsdepression und Bewältigung von arbeitsplatzbezogenem Stress. Wertvolle Anregungen zur inhaltlichen Konzeption des Buches kamen von Heidi Hoyck, der ich dafür sehr dankbar bin. Mein Dank richtet sich auch an Rebecca Meyer-Schrod, Andrea Fuchs und Alexandra Beschenar für die kritische Durchsicht des Manuskripts. Dorothea Metz-Schneider und Svenja Schmidt danke ich für ihre Korrekturvorschläge. Besonderer Dank gilt Barbara von Bechtolsheim, die sich eingehend mit dem Manuskript befasst und mich zur Publikation ermutigt hat. Ganz herzlich danke ich meiner Frau Karola Wehmeier, die mich während der Entstehung dieses Buches begleitet und unterstützt hat. Sie hat sowohl das Manuskript als auch die Korrekturfahnen durchgesehen. Schließlich danke ich Sandra Englisch und Günter Presting vom Verlag Vandenhoeck & Ruprecht für die gute Zusammenarbeit bei der Realisierung dieses Buchprojekts.

Peter M. Wehmeier

Erfolg ist, wenn …

Wir leben in einer Welt des Erfolges. Erfolg scheint in der heutigen Welt zum höchsten Wert und damit zum Maßstab aller Dinge geworden zu sein – jedenfalls für viele von uns. Alles geht höher, schneller, weiter. Grenzen lösen sich auf, alles ist möglich. Wer möchte in einer solchen Welt schon im Abseits stehen und nicht auch erfolgreich sein? Erfolg ist allerdings für viele Menschen in unendlich weite Ferne gerückt. Manche Menschen betrachten sich als Gescheiterte oder zumindest als Erschöpfte. Dementsprechend klein und hilflos fühlen sie sich auch.

So wie Erfolg zur Maxime unseres Handelns avanciert ist, ist Überforderung das charakteristische Merkmal unserer Zeit geworden. Aber was ist Erfolg? Wenn wir von anderen gelobt, belohnt oder gehätschelt werden? Oder wenn wir anderen zur Erfüllung ihrer Wünsche verhelfen? Allzu häufig richten wir uns nach Bedürfnissen und Erwartungen anderer Menschen. Unsere eigenen Bedürfnisse stellen wir hingegen häufig zurück. Doch warum eigentlich?

Oft fällt es uns schwer, unsere eigenen Bedürfnisse zu erkennen. Noch schwerer fällt es uns, diese Bedürfnisse zu erfüllen. Das scheint darauf zurückzuführen zu sein, dass wir dazu neigen, übertriebene Erwartungen an uns selbst und andere zu stellen. Als Konsequenz sind wir von uns selbst und von anderen enttäuscht. Das beeinträchtigt unser Selbstbewusstsein. Verunsicherung und Angst sind häufig die Folgen. Solche Krisen unseres Selbstbewusstseins zeigen uns eindrucksvoll, dass sich die Wirklichkeit verändert hat. Veränderungen sind immer eine Herausforderung, da sie den Einzelnen dazu bringen, sich neu zu orientieren. Daher sollten wir uns mit diesen Veränderungen auseinandersetzen.

In den vergangenen Jahren sind unsere Handlungsspielräume sehr viel größer geworden. Damit haben sich auch unsere Entscheidungsoptionen bei der Lebensgestaltung vervielfacht. Die Vielfalt der Möglichkeiten stellt den Einzelnen allerdings unter einen hohen Entscheidungsdruck. Unentschlossenheit und Versagensängste können die Folgen sein. Bei der Bewältigung von Veränderungen sollten wir letztendlich bei uns selbst ansetzen. Wir sollten uns nicht in erster Linie darum bemühen, die Erwartungen der anderen zu erfüllen. Stattdessen sollten wir achtsam sein und unsere eigenen Bedürfnisse wahrnehmen. Hinterfragen Sie daher herkömmliche Definitionen von Erfolg. Scheitern Sie nicht an einem falschen Ideal. Sorgen Sie lieber für sich und gehen Sie behutsam mit sich und Ihren Kräften um.

 Machen Sie sich klar: Erfolg ist *nicht,* wenn es den anderen gut geht – Erfolg ist, wenn es *mir* gut geht!

Selbstmanagement – warum eigentlich?

Die steigende Komplexität der Informationen, die wir laufend verarbeiten und bewältigen müssen, stellt immer höhere Anforderungen an unser Denken, Fühlen und Handeln. Um auf die vielfältigen Anforderungen reagieren zu können, mit denen wir tagtäglich konfrontiert sind, müssen wir ständig Mittel und Wege finden, uns in der Welt zu orientieren. Wir leben in einem Geflecht zwischenmenschlicher Beziehungen, durchlaufen Lernprozesse und müssen ständig Dinge planen und Entscheidungen treffen, um angemessen und zielführend handeln zu können. Das tut jeder Mensch jeden Tag – mehr oder weniger erfolgreich – und ist insofern sein eigener »Manager«. Selbstmanagement ist eine Möglichkeit, diese Aufgabe so erfolgreich wie möglich zu gestalten. Doch was heißt »erfolgreich«? Es gibt viele Möglichkeiten, »erfolgreich« zu definieren. Wir meinen, dass Selbstzufriedenheit eine wichtige Komponente von Erfolg ist, vielleicht sogar die wichtigste. Daher sollte die Frage der Selbstzufriedenheit bei unseren Überlegungen zum Selbstmanagement einen hohen Stellenwert haben.

Die psychische Belastung vieler Menschen gerade an ihrem Arbeitsplatz hat in den letzten Jahren zugenommen. Das hat zu einer deutlichen Zunahme von psychischer Erschöpfung, Burnout und

Depression geführt. Als Gründe werden häufig Veränderungen in der Arbeitswelt genannt, beispielsweise steigende Anforderungen am Arbeitsplatz oder die fortlaufende Beschleunigung von Arbeitsprozessen. Aber viele Menschen stehen ihrer beruflichen Umgebung oder sogar ihrem Privatleben gleichgültig gegenüber. Über manche Dinge sind sie regelrecht enttäuscht. Selbstmanagement ist eine Möglichkeit, sich diese vielfältige Problematik bewusst zu machen und entsprechend zu reagieren. Selbstmanagement kann die Psychohygiene des Einzelnen fördern, gestattet aber auch eine realistische Sicht auf das, was ihn tagtäglich umgibt. So kann Selbstmanagement dazu beitragen, Wege aus der Orientierungslosigkeit und Hilflosigkeit zu finden, die viele Menschen in der heutigen Zeit befällt.

In diesem Buch bekommen Sie viele konkrete Hinweise und Anregungen zur Verbesserung Ihrer Selbstmanagementkompetenz. Effektives Selbstmanagement wird Sie dazu befähigen, Harmonie zwischen verschiedenen, zum Teil widersprüchlichen Anforderungen herbeizuführen und eine Ausgeglichenheit oder innere Balance (wieder)herzustellen. Selbstmanagement wird Ihnen dabei helfen, psychische Erschöpfung, Überforderung oder Burnout zu überwinden und ein Lebensgefühl zu entwickeln, das durch Gelassenheit geprägt ist.

 Nehmen Sie sich genug Zeit, um über sich und Ihre Lebenssituation nachzudenken. Überlegen Sie, wie Sie Erfolg für sich definieren und was Erfolg für Sie bedeutet. Was benötigen Sie wirklich, damit es Ihnen gut geht?

Veränderungen mitgestalten

Ständige Veränderung scheint die einzige Konstante in unserer schnelllebigen Welt zu sein. Aber nicht nur die Welt verändert sich, auch die Menschen verändern sich mit ihr. Dazu schreibt der Philosoph und Schriftsteller Michel de Montaigne: »Am Ende gibt es überhaupt kein beständiges Sein, weder in unserem Wesen noch im Wesen der Dinge. Und wir und unser Urteil und alle sterblichen Dinge fließen und wogen unaufhörlich dahin. So lässt sich nichts

Gewisses vom einen zum andern ermitteln und der Urteilende und das Beurteilte sind in fortwährender Wandlung und Schwankung begriffen.« Diese Feststellung gilt auch in der heutigen Zeit, in der Beschleunigung und gesellschaftlicher Wandel Auswirkungen auf jeden Einzelnen haben und uns alle fortlaufend verändern.

Selbstmanagement bedeutet daher immer auch den Umgang mit Veränderungen. Glücklicherweise ist der Mensch in der Regel sehr anpassungsfähig. Meistens sind wir in der Lage, Veränderungen in uns und unserer Umgebung wahrzunehmen und auf diese Veränderungen zu reagieren. Aber weil wir uns mit der Zeit auch selbst verändern (von grundlegenden Wesenszügen bzw. Persönlichkeitseigenschaften abgesehen!), dürfen wir uns nicht nur als Menschen in einer sich verändernden Welt verstehen, sondern sollten uns auch als sich verändernde Menschen in einer sich wandelnden Welt begreifen. Nur dann stehen wir wirklich mit der Realität in Kontakt und können Veränderungsprozesse zu unseren Gunsten mitgestalten.

Im Angesicht des Wandels können (und sollten) wir uns fragen: Was bedeutet die jeweilige Veränderung? Was bedeutet sie für mich persönlich? Ist die Veränderung gut oder schlecht? Wo liegen für mich die Chancen? Lohnt es sich, um etwas zu kämpfen, oder sollte ich lieber flüchten (»fight or flight«)? Was habe ich von der Veränderung? Wo liegt für mich der Nutzen? Und welchen Preis bezahle ich dafür? Erfreulicherweise sind die meisten von uns gesunde Menschen mit Verstand! Daher dürfte es nicht unmöglich sein, Antworten auf diese Fragen zu finden. Die Suche erfordert allerdings Ehrlichkeit: sowohl mit anderen Menschen als auch mit sich selbst.

Die Wirklichkeit ist weit weniger witzig als ein Film

In einer rasant sich verändernden Welt muss jeder selbst dafür sorgen, dass er (oder sie) nicht den Überblick verliert. Die Menschen, der Zeitgeist, die Politik: Alles scheint sich mit atemberaubender Geschwindigkeit zu verändern. Heute hat offenbar nur noch der Wandel Bestand, zumal in einer Welt der Globalisierung. Darüber hinaus spielt die Kommerzialisierung fast aller unserer Lebensbereiche eine große Rolle. Daher bestimmen ökonomische Gesichtspunkte (d. h. Kosten-Nutzen-Rechnungen) oft unser Denken. Der Philosoph Peter Sloterdijk setzt sogar den »Zeitgeist« mit »Geldgeist« gleich! Geld ist aber bekanntlich nicht alles. Wichtig ist auch die unglaubliche Vielfalt der Entscheidungsmöglichkeiten, mit der jeder tagtäglich konfrontiert ist. Wir leben nämlich längst nicht mehr in einer Welt des Zuwenig, sondern in einer Welt des Zuviel. In dieser Welt müssen wir laufend Entscheidungen treffen: für das eine, gegen das andere ... Dieser andauernde Entscheidungsdruck bedeutet für den Einzelnen großen Stress, gerade weil jeder für seine Entscheidungen – und vor allem für die Folgen seiner Entscheidungen – selbst verantwortlich ist. Der Schriftsteller Javier Marías schreibt dazu: »Es ist bekannt, dass fast immer schlecht wählt, wer die größte Auswahl hat.« Wer also eine Fehlentscheidung trifft, kann heute niemand anderen verantwortlich machen: Er (oder sie) ist selbst schuld!

Dazu kommt die weltweite Vernetzung durch die neuen Kommunikationsmöglichkeiten. Auf diese Weise kann potenziell jeder mit jedem in Kontakt treten und jeder kann potenziell mit jedem konkurrieren. Auch Klassenunterschiede oder unterschiedliche Zeitzonen spielen in der heutigen globalen Marktwirtschaft eine untergeordnete Rolle. Genau das meint der amerikanische Wissenschaftler und Buchautor Thomas L. Friedman, wenn er sagt: »Die Welt ist flach.« Am global vernetzten Markt sind zunächst einmal alle gleich. Für den Einzelnen bedeutet auch dies großen Stress: Werde ich überhaupt wahrgenommen? Habe ich rechtzeitig reagiert? Habe ich vielleicht gerade eine einmalige Chance verpasst? Sloterdijk ist skeptisch und fragt: »Bezeichnet Vernetzung vielleicht selbst nur einen Zustand der organisierten Schwäche?«

In dieser Situation der totalen Vernetzung ist jeder damit beschäftigt, sich seinen Weg durch das Durcheinander zu bahnen. Der Philosoph Peter Sloterdijk meint dazu: »Wir leben in einem durch Ordnung kompensierten Chaos.« Diese Situation muss sich letztendlich nachteilig auf die zwischenmenschlichen Beziehungen auswirken. Der Philosoph Wilhelm Schmid beklagt zu Recht den »Verlust der Beziehungen zueinander, Fragmentierung, ja Auflösung von Gemeinschaft in allen Bereichen und auf allen Ebenen«. Schmid fährt fort: »Beziehungen zerbrechen, Zusammenhänge lösen sich auf, und der Einzelne ist mit Situationen konfrontiert, die ihm von Grund auf fremd sind.« Eine mehr oder weniger starke Beeinträchtigung unseres Wohlbefindens ist die unmittelbare Folge dieser Entwicklung.

Dass also der Wandel in Gesellschaft und Arbeitswelt ein Thema ist, das viele Menschen sehr beschäftigt, zeigt ein Spiegel-Titel, der auf den Film »Moderne Zeiten« anspielt (Abbildung 1).

Abbildung 1: Spiegel-Titelbild zum Thema »Moderne Zeiten« in der Arbeitswelt

In dem Film erleidet ein Fabrikarbeiter (gespielt von Charlie Chaplin) gewissermaßen eine frühe Form des Burnouts und »dreht durch«. Aber leider ist die Wirklichkeit oft weitaus weniger witzig als dieser Film. Das zeigen auch die Bücher von Prominenten, die ebenfalls »ausgebrannt« waren oder an einer Depression litten und davon erzählen, wie sie in diese Situation geraten sind und was sie unternommen haben, um die Krise zu überwinden.

Der inzwischen durchaus kontrovers diskutierte Begriff »Burnout« stammt ursprünglich von dem deutsch-amerikanischen Psychoanalytiker Herbert J. Freudenberger, der ihn in seinem 1974 publizierten Aufsatz »Staff Burn-Out« einführte. Damit begann eine Diskussion um das Burnout-Syndrom, die bis heute anhält. Was oft als »Burnout« bezeichnet wird, lässt sich auch einfach als Überforderung begreifen. In solchen Situationen kommt der Einzelne an die Grenzen seiner körperlichen und psychischen Belastbarkeit. Dann bestehen keinerlei Reserven mehr, so dass mit jeder weiteren Belastung eine Dekompensation in Richtung Depression droht. Daher kann es nicht überraschen, wenn heute immer häufiger Überlastungsreaktionen oder psychische Zusammenbrüche auftreten.

Unter dem Titel »Das erschöpfte Selbst« hat der französische Soziologe Alain Ehrenberg 1998 das Phänomen der Depression in unserer modernen Gesellschaft eingehend analysiert. Demnach ist die Depression die Kehrseite des souveränen Individuums, dessen Formel »psychische Befreiung und persönliche Initiative« auf der einen Seite und »Unsicherheit der Identität und Unfähigkeit zu handeln« auf der anderen Seite ist. Depression ist laut Ehrenberg ein Name, der dem Unbeherrschbaren gegeben wird, wenn es darum geht, die Initiative zu ergreifen und man selbst zu werden. Die Depression ist demnach das »Geländer des führungslosen Menschen, sie ist nicht nur sein Elend, sondern das Gegenstück zur Entfaltung seiner Energie«.

Der Psychiater Hans-Peter Unger betrachtet Burnout als einen Prozess, an dessen Ende eine stressbedingte Depression stehen kann. Den Weg dorthin beschreibt er als »Erschöpfungsspirale«. Auf dieser Spirale bewegt man sich abwärts bis hin zur Depression. Allerdings kann man sich auch aufwärts bewegen, wenn man die richtigen Maßnahmen ergreift, um die Spirale abwärts zu unterbrechen.

Der Dichter Eugen Roth hat ein Gedicht verfasst, das diese unglückliche Dynamik auf humorvolle Art und Weise aufgreift:

Ein Mensch sagt – und ist stolz darauf –
Er geh' in seinen Pflichten auf.
Bald aber, nicht mehr ganz so munter,
Geht er in seinen Pflichten unter.

Für den Psychiater Hans-Peter Unger ist die stressbedingte Depression der »Arbeitsunfall der Moderne«. Der Psychiater Otto Benkert nennt die Stressdepression eine neue Volkskrankheit. Dieses zeigt, dass psychische Erschöpfung inzwischen als Problem gesehen wird, das die Gesellschaft als Ganze betrifft. Bereits in der ersten Hälfte des 20. Jahrhunderts schrieb der Psychoanalytiker Sigmund Freud in seinem Essay »Das Unbehagen in der Kultur«: »Es scheint festzustehen, dass wir uns in unserer heutigen Kultur nicht wohlfühlen.« Der Soziologe Alain Ehrenberg spricht heute vom »Unbehagen in der Gesellschaft«. Die Frage, wie wir uns in unserer Welt einrichten und wie wir darin zurechtkommen können, ist also ein »Dauerbrenner«. Als Antwort auf diese Frage wird heute gern extreme (räumliche und zeitliche) Flexibilität, maximale Offenheit für Neues und lebenslanges Lernen propagiert. Allerdings wird selten gefragt, was dem Einzelnen dadurch abverlangt wird und wie es ihm unter diesen Bedingungen geht. Daher ist es vielen Menschen ein Bedürfnis, sich mit dem Spannungsfeld zwischen äußeren Gegebenheiten und eigenen Möglichkeiten zu befassen.

Was ist Erfolg?

Wahrscheinlich gibt es etwa so viele Definitionen von »Erfolg«, wie es Menschen auf der Erde gibt. Das ist auch gut so, denn wer wollte für sich beanspruchen, eine für alle Menschen gleichermaßen gültige Definition vorgeben zu können? Die Definition von »Erfolg« hängt stets von den »Werten« ab, die in einer Gesellschaft (oder einer Gemeinschaft) gelten. Zum einen ändern sich diese »Werte« mit der Zeit, zum anderen unterscheiden sich diese »Werte« auch von

Kultur zu Kultur. Das heißt aber nicht, dass »Werte« völlig beliebig sind – im Gegenteil. Wir können bemerkenswerte Gemeinsamkeiten zwischen Wertesystemen erkennen, die beträchtliche zeitliche oder räumliche Grenzen trennen. Beispiel für einen sehr beständigen »Wert« ist die ethische Maxime, die von dem Philosophen Immanuel Kant als »kategorischer Imperativ« bezeichnet wurde und die als kleiner Reim große Verbreitung gefunden hat: »Was du nicht willst, das man dir tu, das füg auch keinem andern zu!« Dieser Handlungsmaßstab zieht sich – natürlich in unterschiedlicher Form – durch alle Zeiten und Kulturen. Allerdings stehen Wertmaßstäbe niemals für alle Zeiten hundertprozentig fest. Das zeigen die Diskussionen um ethische Maßstäbe, die bereits vor der Antike in vollem Gange waren und die uns bis heute begleiten.

Bei diesen Diskussionen ging es immer auch um die »richtigen« Wertmaßstäbe. Aber welche ethischen Maßstäbe, Verhaltensregeln oder Gesetze sind »richtig«? Sigmund Freud merkt kritisch an: »Man kann sich des Eindrucks nicht erwehren, dass die Menschen gemeinhin mit falschen Maßstäben messen, Macht, Erfolg und Reichtum für sich anstreben und bei anderen bewundern, die wahren Werte des Lebens aber unterschätzen.« Damit kommen wir zu den »wahren« Werten, also den Werten, die uns wirklich etwas bedeuten. Nehmen wir diese ernst, relativieren wir zwangsläufig herkömmliche Wertmaßstäbe. So können (und sollten) wir auch die herkömmliche Definition von »Erfolg« (oder »Glück«) hinterfragen und für uns selbst neu definieren. Freud merkt dazu an: »Das Glück ist aber etwas durchaus Subjektives.« Es geht also darum, unseren eigenen Vorstellungen von Glück und Erfolg nachzuspüren. Diese Vorstellungen sind die »wahren« Werte, die wir als mentale und emotionale Anker brauchen, um auf Veränderungen reagieren zu können.

Es ist Zeit, herkömmliche Definitionen von Erfolg hinter sich zu lassen. Sie sollten Ihre eigene Vorstellung von Erfolg entwickeln und Erfolg für sich neu definieren. Dabei sollten Sie sich an den eigenen Wertvorstellungen und Bedürfnissen orientieren. Letztendlich sollte Gelassenheit das Ziel sein. Selbstmanagement kann und soll dazu beitragen, dieses Ziel zu erreichen. Doch Sie müssen sich auf die Reise einlassen und den ersten Schritt in diese Richtung tun …

Lassen Sie sich nicht von anderen vorschreiben, was als Erfolg zu gelten hat und was nicht. Es gibt keine Definition von Erfolg, die in gleicher Weise für alle gilt. Bestimmen Sie selbst, was Sie unter Erfolg verstehen wollen und welchen Weg Sie dorthin beschreiten.

Selbstmanagement – was ist darunter zu verstehen?

Was ist Selbstmanagement eigentlich? Ein Weg zur Selbsterkenntnis? Eine Philosophie? Eine Möglichkeit der Auseinandersetzung mit der Realität? Eine Technik zur Problembewältigung? Ein Weg zu positivem Denken? Ein Allheilmittel? Die Wiederentdeckung der Lebenskunst? Vielleicht sogar der Weg zum Glück? Oder ist Selbstmanagement einfach nur ein Lernprozess? Vielleicht sind alle diese Definitionen zutreffend, vielleicht keine. Vielleicht kommt es nicht einmal auf eine genaue Definition von Selbstmanagement an.

Wenn man unterschiedliche Menschen fragt, welche Vorstellungen sie davon haben, was Selbstmanagement ausmache, sind die Antworten sehr vielfältig: Glück, Zufriedenheit, Freude, sich wohlfühlen, Work-Life-Balance, Ausgeglichenheit, sich Zeit nehmen, nicht immer die eingefahrenen Wege gehen, planen, eine Strategie entwickeln, Spaß haben, Selbstbestimmtheit, mutig sein, Nein sagen können, Spontaneität, Flexibilität, ein Bewusstsein dafür zu entwickeln, was (anders) sein könnte …

Von all diesen Aspekten hat Selbstmanagement sicherlich etwas. Aber wir wollen Selbstmanagement als Möglichkeit der aktiven und eigenständigen Problembewältigung und damit der effektiven Selbststeuerung betrachten. Darin folgen wir dem Psychologen Frederick H. Kanfer, der Selbstmanagement als eine Methode zur Selbstkontrolle oder Selbstregulation auffasst. Demnach ist Selbstmanagement die Voraussetzung für einen guten Umgang mit sich selbst und mit anderen. In diesem Zusammenhang meint der Philosoph Wilhelm Schmid: »Nur der, der den Umgang mit sich selbst zu gestalten weiß, ist fähig zur Gestaltung des Umgangs mit anderen.«

Selbstmanagement als Grundlage für einen guten Umgang

»Selbstmanagement« ist ein Begriff aus dem angloamerikanischen Sprachraum, der für aktive und eigenständige Problembewältigung und damit für eine verbesserte Selbststeuerung steht. Selbstmanagement gründet sich auf Theorien der Selbstregulation, Selbstwirksamkeit (»self-efficacy« nach Bandura) und des sozialen Lernens. Dabei spielt das Vertrauen in die eigenen Fähigkeiten eine wichtige Rolle. Jeder kann durch diese Art von Selbstmanagement einen Lern- und Veränderungsprozess durchlaufen, der ihn in die Lage versetzt, sein Leben in größerem Einklang mit den eigenen Wertvorstellungen und Zielen zu gestalten. Damit kann Selbstmanagement, ganz allgemein gesprochen, die Grundlage für einen guten Umgang mit sich selbst und mit anderen sein.

Selbstmanagement als praktische Philosophie

Selbstmanagement kann als eine zur praktischen Anwendung geeignete Philosophie bezeichnet werden. Das betont der Psychologe Martin De Waele. Die ursprüngliche Bedeutung des Wortes Philosophie ist »Liebe zum Denken«. Folglich ist der Philosoph ein Freund des Denkens bzw. der Weisheit (*philos*, griechisch: Freund; *sophia*, griechisch: Weisheit). Dazu meint der Philosoph Wilhelm Schmid: »Die Liebe zur Weisheit [...] bemüht sich um Einsicht in das Wesen der Dinge, damit das Leben auf richtige und schöne Weise geführt werden kann.« Das ist letztendlich auch das Ziel erfolgreichen Selbstmanagements. Damit ist Selbstmanagement eine praktische Philosophie oder Lebensphilosophie, die dem Einzelnen dabei helfen kann, sich mit der inneren und äußeren Realität auseinanderzusetzen und sein Leben so weit wie möglich selbst in die Hand zu nehmen. Diese individuelle Lebensphilosophie ist jedoch keinesfalls mit bloßem »Lifestyle« zu verwechseln, den wir heute als »modernen« Lebensstil kennen und der oft durch ausgeprägtes Konsumverhalten gekennzeichnet ist. Mit »Lebensphilosophie« sind vielmehr die individuellen Einstellungen und Verhaltensweisen gemeint, die ein Mensch für sich übernommen hat. Diese gilt es näher zu betrachten und gegebenenfalls zu ändern.

Die individuelle Einstellung zu sich und der Welt entsteht in erster Linie aus der Erfahrung, die ein Individuum im Lauf seines Lebens in der Beziehung zu anderen Menschen macht. Dabei ist die Erfahrung von sicherer emotionaler Bindung in den ersten Lebensmonaten und -jahren ganz besonders wichtig. Diese individuelle Beziehungserfahrung wird in die Persönlichkeit integriert und macht einen festen Bestandteil der Person aus. So bilden sich beim Einzelnen bestimmte Wertvorstellungen und Sichtweisen heraus, die im Zuge der Entwicklung Grundlage für sein Denken, Fühlen und Handeln werden. Diese Wertvorstellungen und Sichtweisen sind sowohl Fixpunkt als auch Triebfeder für die Lebensweise des Einzelnen.

Selbstmanagement als eine Systemtheorie

Systemtheorien können Grundlage für das Verständnis komplexer Vorgänge sein. Die Theorien übernehmen dabei lediglich die Funktion von Werkzeugen, da Theorien nicht *wahr* oder *falsch*, sondern mehr oder weniger *brauchbar* sind. Zu solchen Theorien zählen Systemmodelle, die unter anderem dazu dienen können, bestimmte Zusammenhänge transparenter und damit verständlicher zu machen. So helfen Systemtheorien, die Komplexität von Vorgängen zu reduzieren und unser Verständnis dieser Vorgänge zu verbessern. Einige Systemtheorien bieten gute Anwendungsmöglichkeiten für die Lebenspraxis. Auch Selbstmanagement kann als mehr oder weniger brauchbare Systemtheorie verstanden werden. Dann ist die Nützlichkeit des jeweiligen Selbstmanagementkonzepts wichtiger als dessen theoretische Konsistenz.

Selbstmanagement als Problemlösungsprozess

Selbstmanagement ist ein vielschichtiger, dynamischer Prozess. Verwirrend sind zunächst vielleicht die vielen unterschiedlichen Aspekte, die beim Selbstmanagement eine Rolle spielen. Sie spiegeln aber nur die Komplexität der Welt und das Facettenreichtum unseres Lebens wider. Manchmal kann Selbstmanagement wie ein Kochrezept angewendet werden, beispielsweise wenn wir unsere berufliche Entwicklung planen, während Selbstmanagement manchmal wie ein Hammer eingesetzt wird, beispielsweise wenn wir uns mit einem Befreiungsschlag aus einer scheinbar ausweglosen Situation lösen.

Laufend spielen sich dynamische Prozesse in den verschiedenen Lebensbereichen ab: bei der Kommunikation und Interaktion mit anderen, beim Lernen neuer Fertigkeiten, bei der Planung unserer Angelegenheiten, beim Treffen von Entscheidungen, in unserem täglichen Handeln usw. Meist hängen mehrere Prozesse auf nicht immer durchsichtige Weise zusammen. So stellen sich beispielsweise viele berufliche Schwierigkeiten letztendlich als komplexe Probleme dar, die eng mit der Privatsphäre verzahnt sind. Wenn institutionelle Zwänge oder gesellschaftliche Konventionen sowie Zeitdruck durch hohe Arbeitsbelastung hinzukommen, kann der Einzelne leicht den Überblick verlieren. Dann ist eine konstruktive Auseinandersetzung mit anstehenden Herausforderungen oft unmöglich. Wenden wir aber Selbstmanagement auf solche komplexen Prozesse an, werden wir in der Lage versetzt, diese Prozesse besser zu verstehen. Das kann uns die Lösung schwieriger Situationen und die Erledigung unserer Aufgaben sehr erleichtern.

Selbstmanagement – wozu?

Wozu dient Selbstmanagement? Zu einem inneren Gleichgewicht? Zu unserem größeren Wohlbefinden? Zu einem besseren Umgang mit sich selbst? Zu psychischer Gesundheit? Zu Glück, Erfolg oder Zufriedenheit? Zu unserer persönlichen Entwicklung? Zur Verbesserung der psychischen Funktionsfähigkeit? Wenn man ganz unterschiedliche Menschen fragt, wozu ihrer Meinung nach »Selbstmanagement« dienen könnte, erhält man sehr vielfältige Antworten: zu effektiverem Zeitmanagement, zur Steigerung der Leistungsfähigkeit, zur Verbesserung der Kreativität, zur Erhöhung der Motivation, zur Erhaltung der Work-Life-Balance, zur Verbesserung des Umgangs mit anderen, zur Steigerung der Freude …

Selbstmanagement kann als das Hinarbeiten auf eine optimale Integration der emotionalen, geistigen, intellektuellen und körperlichen Lebensweise in jeder Phase des Lebens verstanden werden. Effektives Selbstmanagement verlangt, dass wir unsere persönlichen Entwicklungsmöglichkeiten erkennen, unsere Fähigkeiten entfalten und dabei unseren eigenen Bedürfnissen gerecht werden. So gesehen ist Selbstmanagement ein vielschichtiger, dynamischer Prozess, der dem Einzelnen die bessere Erledigung seiner Aufgaben und die Bewältigung schwieriger Situationen ermöglicht. Damit ist Selbstmanagement eine mögliche Maßnahme gegen die von dem Psychiater Hans-Peter Unger beschriebene »Erschöpfungsspirale«. Selbstmanagement sollte nämlich der Erhaltung der physischen und psychischen Funktionsfähigkeit und damit letztendlich der körperlichen und seelischen Gesundheit dienen. Selbstmanagement kann dem Einzelnen helfen, seine »eigenen und eigentlichen Lebensinteressen« (Sloterdijk) zu verfolgen. Dabei ist der unmittelbare Bezug zu Themen des alltäglichen Lebens außerordentlich wichtig. Selbstmanagement ist keine »Alles-ist-möglich«-Methode, kein Allheilmittel, keine Therapie. Selbstmanagement dient erst recht nicht der Selbstausbeutung oder der Manipulation anderer. Schließlich ist Selbstmanagement auch kein Weg, der irgendeine Art von Erleuchtung in Aussicht stellt. Wer Erleuchtung sucht, möge das Licht einschalten!

Selbstmanagementkompetenz kann übrigens nur derjenige erreichen, der einen Versuch macht und Selbstmanagement selbst ausprobiert. So wie man Fahrradfahren nicht durch das Lesen eines Buches lernt, kann man seine Selbstmanagementfähigkeiten nicht allein durch theoretische Überlegungen verbessern. Wer keinen ernsthaften Versuch unternimmt, den Selbstmanagementansatz in die Praxis umzusetzen, wird auch keinen Nutzen davontragen und keinen Sinn darin sehen können.

 Entscheidend für den Erfolg des Selbstmanagements ist die konsequente Anwendung im täglichen Leben. Beurteilen Sie Ihren Erfolg anhand der konkreten Veränderungen, die Sie erzielen. Ihr Selbstmanagement ist dann effektiv, wenn Sie sich im Alltag weniger belastet fühlen, die Dinge gelassener sehen und mit sich selbst zufriedener sind.

Fünf Aspekte des Selbstmanagements

Wenn wir Selbstmanagement als Vorgang näher betrachten, können wir fünf verschiedene Aspekte oder Grundvorgänge ausmachen. Jeder dieser Grundvorgänge ist ein wichtiger Teil unseres Lebens und macht – zusammen mit den anderen Grundvorgängen – Selbstmanagement aus. Wir wollen fünf Aspekte des Selbstmanagements herausgreifen:

- die *Aneignung* von Informationen über uns selbst und über die Welt, in der wir leben;
- die Gestaltung der *Beziehung* zu anderen Menschen und die Kommunikation mit ihnen;
- das Treffen von *Entscheidungen* vor dem Hintergrund unserer Werte und Ziele;
- die *Planung* unseres Handelns sowohl im Arbeitsumfeld als auch in der Privatsphäre;
- das zielorientierte Umsetzen von Plänen in konkretes *Handeln*.

Effektives Selbstmanagement umfasst diese fünf Grundvorgänge. Selbstmanagement ist jedoch mehr als die Summe dieser Teile. Erst durch das Zusammenspiel der fünf Grundvorgänge des Selbstmanagements entsteht ein Prozess, der sich aktiv gestalten lässt. Jeder dieser fünf Aspekte oder Grundvorgänge des Selbstmanagements hat es verdient, näher betrachtet zu werden (Tabelle 1). Daher wird in den nächsten Abschnitten auf jeden dieser fünf Aspekte ausführlich eingegangen.

Tabelle 1: Fünf Aspekte des Selbstmanagements

Erkenntnis:	Den Blick für die Realität bewahren
Beziehung:	Ich bin nicht allein auf der Welt
Planen:	Die Möglichkeiten entdecken
Entscheiden:	Aus der Vielfalt wählen
Handeln:	Das Machbare umsetzen

Erkenntnis: Den Blick für die Realität bewahren

Wahrscheinlich kennt jeder von uns das Gefühl, plötzlich »im falschen Film« zu sein. Aber gibt es überhaupt »richtig« und »falsch«? Der scheinbar »falsche« Film erweist sich nämlich oft nicht wirklich als der »falsche«, sondern einfach nur als ein »anderer«. Es scheint so, dass es »richtig« und »falsch« als absolute Kategorien gar nicht gibt. Stattdessen gibt es mehrere Wahrheiten und jeder Mensch sucht seine eigene!

Wir sprechen gern von *der* Realität, gerade wenn es darum geht, »sich ihr zu stellen«. Aber welche Realität meinen wir, wenn wir von »der Realität« sprechen? Gibt es überhaupt *die* Realität? Oder gibt es mehrere? Und wenn es mehrere Realitäten geben sollte, wie viele gibt es?

Unsere subjektive Realität gründet sich immer auf unsere Interpretation der Welt. Diese Realität ist eine konstruierte Wirklichkeit. Der Philosoph Reinhard Sprenger meint: »Wahrnehmen und Erkennen sind nicht als eine wirklichkeits-›abbildende‹, sondern als eine wirklichkeits-›schaffende‹ Tätigkeit vorzustellen.« Demnach kreiert sich jeder seine eigene Welt und schafft damit seine eigene Realität. Daher gibt es wahrscheinlich so viele Wirklichkeiten, wie es Menschen auf der Erde gibt (Tabelle 2).

Tabelle 2: Wie viele Wirklichkeiten gibt es?

Realität und Interpretation → konstruierte Wirklichkeit
Sind wir gesunde Menschen mit Verstand?
Wer sagt, was wirklich wahr ist?
Der Blick in den Spiegel ist wichtig
Dinge annehmen, wie sie sind
Der inneren und äußeren Realität ins Gesicht sehen!

Diese sehr subjektive Definition von »Realität« funktioniert aber nur, solange wir uns in »unserer« Wirklichkeit wohl fühlen und keine Meinungsverschiedenheiten über die Beschaffenheit der »wirklichen« Realität auftreten. Wenn Menschen von unterschiedlichen »Wirklichkeiten« ausgehen, sind Konflikte vorprogrammiert. Denn wer sagt uns schließlich, was »wirklich wahr« ist? Wer hat am Ende aller Diskussionen die Deutungsmacht?

Es gibt große Bereiche der Übereinstimmung zwischen Menschen bezüglich ihrer Sichtweise, aber vieles bleibt eine Frage der Interpretation. Manchmal hilft der Blick in den Spiegel. Die Auseinandersetzung mit sich selbst kann einem helfen, die Dinge so zu nehmen, wie sie sind. Wir sollten der Realität ins Gesicht sehen. Aber dazu müssen wir sie vorher internalisieren bzw. uns aneignen!

Alles klar?

»Alles klar!« So lautet eine weit verbreitete Floskel. Aber ist wirklich immer alles klar? Oft wird die Floskel »alles klar« nur dazu benutzt, Unklarheit oder Unkenntnis zu überspielen. Häufig glauben wir nur, etwas zu wissen, obwohl wir es nicht wirklich wissen. Es geht also um Erkenntnis und um die Frage, wie gut ich informiert bin (Tabelle 3).

Tabelle 3: Alles klar?

Ist wirklich alles klar?
Wie gut bin ich informiert?
Wo bekomme ich meine Information her?
Die Kunst, Spreu vom Weizen zu trennen
Wie gehe ich mit Unsicherheit um?
Achtsamkeit üben
Widersprüche aushalten!

Nicht alle Informationen stammen aus zuverlässigen Quellen. Gelegentlich müssen wir uns fragen, ob wir einem Irrtum aufgesessen sind. Daher ist es wichtig, sich häufiger die Frage zu stellen: Wo bekomme ich meine Information her? Sind meine Informationsquellen zuverlässig? Welche Annahmen lege ich meiner Sichtweise zugrunde? Wo liegen Möglichkeiten der Verständigung? Wessen Meinung kann ich mich getrost anschließen? Mögliche Antworten auf diese Fragen können sich durch Aneignung ergeben.

Aneignung und Selbstmanagement

Was ist Aneignung?

Um in der Welt zu überleben, muss sich der Mensch ein Bild von sich und seiner Umwelt machen. Über die fünf Sinne (Sehen, Hören, Riechen, Schmecken, Fühlen) nehmen wir Information aus der Umwelt auf. Anhand dieser Information orientieren wir uns in unserer Umgebung. So machen wir uns die Umgebung zu eigen. Durch Aneignung internalisieren wir unsere Erkenntnisse über die Welt, das heißt, wir *eignen* uns die äußere Realität *an*. Durch Introspektion hingegen bekommen wir einen Zugang zu uns selbst. Durch den Blick nach innen können wir uns unsere innere Realität bewusst machen und auf diese Weise *aneignen*. Diese Form der Aneignung führt zu Selbsterkenntnis. Beide Perspektiven sind für unsere Vorstellung darüber, wer wir sind und in welcher Welt wir leben, außerordentlich wichtig.

Aneignung ist ein komplexer Prozess, der Wahrnehmungsvorgänge, Informationsverarbeitung und zwischenmenschliche Beziehungen (oder soziale Mechanismen) samt ihrer Wechselwirkung einschließt. Daher ist Aneignung mehr als bloß ein Lernvorgang oder das Sammeln von Informationen. Dazu kommt, dass unsere Wahrnehmung sehr selektiv ist. Das einfache »Input-Output«-Modell der elektronischen Datenverarbeitung wird dem Aneignungsprozess des Menschen nicht gerecht, da der Mensch äußere Reize nicht nur aufnimmt, sondern im Gegenzug auch auf seine äußere Umgebung einwirkt. Die Interpretation und Verarbeitung dieser äußeren Reize führt zu einer Reaktion, die sich wiederum auf die Außenwelt auswirkt. Damit schließt sich der Kreis: Die Außenwelt wirkt auf das Individuum und das Individuum wirkt auf die Außenwelt. Das Konzept der Aneignung ist also viel weiter gefasst als der herkömmliche Begriff des Lernens. Durch Aneignung wird sowohl die Wahrnehmung von Zusammenhängen in der Umgebung des Einzelnen unterstützt als auch seine Selbsterkenntnis gefördert. Damit ist Aneignung eng mit dem Leben verwoben. Der Philosoph Hans-Georg Gadamer sagt dazu: »Aber man vergesse nicht: Aneignung meint nicht Wissen, sondern Sein.«

Assimilation und Akkommodation

Doch wie eignen wir uns unsere Erkenntnisse an? Wenn jemand Aspekte seiner Außenwelt »verinnerlicht«, wird dieser Vorgang *Assimilation* genannt. Passt sich hingegen sein Inneres an die äußeren Gegebenheiten an, heißt dieser Vorgang *Akkommodation*. Wenn beispielsweise ein Säugling nach einem Gegenstand greift, wird dieser Gegenstand in das sogenannte Greifschema »assimiliert«. Wenn hingegen die Assimilation *nicht* gelingt, etwa weil ein Gegenstand außer Reichweite ist, stellt sich der Säugling darauf ein, das heißt, er »akkommodiert« die zu weite Distanz in sein Greifschema und findet sich gewissermaßen mit dieser Situation ab. Assimilation und Akkommodation sind sehr wichtig für die Entwicklung der individuellen psychischen Struktur (oder des »Selbst«) jedes Menschen. Aber nicht nur im Kindesalter, sondern im Lauf des gesamten Lebens bestimmen Assimilation und Akkommodation die Wechselwirkung zwischen Individuum und Außenwelt. Beide Mechanismen beeinflussen ständig unser Erleben und Verhalten, zugleich beeinflussen sie unsere innere und äußere Realität. So bestimmen vielfältige Rückkoppelungsprozesse unsere Wahrnehmung sowie unser Denken und Fühlen.

Was sind Schemata?

Schemata sind grundlegende Organisationseinheiten psychischer Prozesse. Damit sind sie die »Bausteine« aller psychischen Vorgänge. Man kann sie sich vielleicht auch als »Programme« vorstellen, nach denen mentale »Speicher« abgerufen und »Verbindungen« hergestellt werden. Hinter dem Begriff »Schema« verbirgt sich ein Komplex verschiedenster Gedanken, Emotionen, Personen, Sachverhalte oder

Handlungen, die im Gedächtnis repräsentiert sind und unser Denken, Fühlen und Handeln bestimmen. Dazu gehören:

- Personen oder Objekte (z. B. Menschen, Tiere, Gebäude),
- konkrete Handlungsweisen (z. B. Sprechen, Laufen, Arbeiten),
- Emotionen (z. B. Zuneigung, Ärger, Trauer),
- Vorstellungen oder Begriffe, die zur Kommunikation und Interaktion benötigt werden (z. B. Gedanken, Worte, Pläne).

Die resultierenden Schemata sind komplexe Muster in unserem Denken und Fühlen. Doch wie kommen sie zustande? Sie entstehen durch die ständige Wechselwirkung zwischen Außenwelt und Innenwelt in der Psyche des einzelnen Menschen. Demnach kann man Schemata als Rückkoppelungskreise verstehen, die sich aus der realen Interaktion des Individuums mit seiner Umgebung bilden. So sind Schemata gleichzeitig Ergebnis *und* Ausgangspunkt der Interaktion zwischen Individuum und Umgebung.

Die Bedeutung von Selbstschemata

Zu den Personen, Gegenständen, Emotionen, Gedanken oder Begriffen, die unsere Schemata ausmachen, gehört auch die Vorstellung, die jeder Mensch von sich selbst hat. Diese Vorstellung von sich selbst, das »Selbstbild«, ist ebenfalls ein Schema, nämlich das *Selbstschema*. Wie kommt eine derartig komplexe Struktur wie das Selbstschema zustande? Eine Antwort liefert die Entwicklungspsychologie. Mit der Herausbildung des »Selbst« kommt das in der Entwicklung befindliche Kind allmählich zu der Einsicht, dass es eine eigenständige Existenz hat und eine selbständige Person darstellt. Es erkennt, dass ein Unterschied zwischen »Selbst« und »Nichtselbst« besteht. So entsteht ein Spannungsfeld zwischen äußerer (»objektiver«) Realität und innerer (»subjektiver«) Gewissheit. Damit ist die Voraussetzung für das Entstehen der Introspektionsfähigkeit gegeben: Die äußere Realität wird über die Sinne wahrgenommen, bildet sich in der inneren Welt des Einzelnen ab und kann dann durch den Vorgang der Introspektion näher betrachtet werden. Durch die Erfahrung, die der Einzelne in der Auseinandersetzung mit seiner inneren und äußeren

Realität macht, bilden sich Erlebens- und Verhaltensmuster aus, die wir hier »Schemata« nennen. Es gibt

- positive oder negative *Selbstschemata* und
- positive oder negative *emotionale Schemata.*

Beide beeinflussen sich gegenseitig und bestimmen die Erlebnis- und Verhaltensweisen des Einzelnen, mal in positiver, mal in negativer Hinsicht. Beide Arten von Schemata sind der *Introspektion,* das heißt der reflektierten Betrachtung, zugänglich. Auf diese Weise können wir uns mit der eigenen inneren Realität und unseren individuellen Wahrnehmungsweisen der äußeren Realität nähern und uns mit ihr vertraut machen.

Wechselwirkung der Schemata

Die Information, die der Einzelne durch Aneignung erhält, betrifft sowohl das *Individuum* selbst als auch seine *Umwelt*. Daher dient Aneignung nicht nur dazu, Information über die Umwelt einzuholen, sondern hilft einem dabei, sich mit dem eigenen inneren Zustand bzw. der eigenen Befindlichkeit auseinanderzusetzen. Durch die Integration dieser Information entstehen Wahrnehmungs- und Handlungsmuster, anhand derer wir uns in der Welt orientieren und nach denen wir handeln. Die so entstehenden Schemata dienen uns als Orientierungspunkte für das Verstehen unserer äußeren und inneren Welt. Damit sind Schemata auch Leitlinien für das Handeln anderen gegenüber und für den Umgang mit sich selbst. Zu diesen Wahrnehmungs- und Handlungsmustern gehören:

- Selbstschemata,
- positive/negative emotionale Schemata,
- zwischenmenschliche Konstellationen,
- Beziehungsschemata,
- Vorstellungen zum Lebensstil,
- Anforderungen und Aufgaben,
- Problemlösungsansätze,
- biologische Voraussetzungen,

- psychische Voraussetzungen,
- soziale Voraussetzungen.

Jeder Mensch hat eine Vielzahl solcher emotionaler Muster bzw. Handlungsmuster, die jeweils ihre spezifische Funktion haben. In diesem Zusammenhang spricht man auch von »Lebensmustern«. Unsere Lebens- oder Verhaltensmuster können angenehm, aber auch unangenehm sein, sie können bewusst oder unbewusst ablaufen – diese Muster sind jedenfalls vorhanden. Darüber hinaus stehen sie in ständiger Wechselwirkung miteinander. Die starke Vernetzung der verschiedenen Schemata bedeutet, dass jedes Schema eine wichtige Rolle für unsere Realität und unser psychisches Gleichgewicht spielen kann.

Aneignung der inneren und äußeren Realität

Aneignung der Realität können wir im weitesten Sinne als Sammlung von Information verstehen, die uns dabei hilft, unsere Anforderungen zu bewältigen und Probleme zu lösen. Dazu müssen wir uns die bestehenden inneren und äußeren Bedingungen vor Augen halten. Das bedeutet, dass wir uns die »Ist-Situation« aneignen. Bei der Vergegenwärtigung bzw. Aneignung der inneren und äußeren Gegebenheiten gewinnen wir Klarheit über unsere

- *Einstellung* (d. h. Denken),
- *Befindlichkeit* (d. h. Fühlen),
- *Verhaltensweisen* (d. h. Handeln).

Diese Punkte tragen wesentlich zu unserer Vorstellung von uns selbst, das heißt zu unserem *Selbstkonzept,* bei. Bei der Bewusstmachung oder »Aneignung« unseres Selbstkonzepts können wir unsere eigenen Gefühls- und Handlungsmuster (Schemata) näher unter die Lupe nehmen. Dabei geht es darum, sich unmittelbar mit der eigenen Person auseinanderzusetzen und einige Facetten der eigenen Person zu betrachten. Man kann dabei

- verlorene *Erinnerungen* wiedergewinnen;
- verdrängte *Emotionen* mobilisieren;

- sich eigener *Ängste* bewusst werden;
- sich der eigenen *Kränkbarkeit* bewusst werden;
- die eigene *Störbarkeit* erkennen;
- die eigene *Bedürftigkeit* erkennen;
- sich über ungelebte *Bedürfnisse* klar werden;
- sich eigene *Idealvorstellungen* bewusst machen;
- und dadurch sein *Selbstbild* klären.

Zur Wahrnehmung seiner inneren Realität ist ein gewisses Maß an Reflexions- oder Introspektionsfähigkeit erforderlich. Ziel der Introspektion ist es, sich Aspekte des eigenen Selbst bewusst zu machen und sich mit ihnen auseinanderzusetzen. Das erfordert Aufrichtigkeit und Ehrlichkeit mit sich selbst, gerade wenn es darum geht, auch die Schattenseiten der eigenen Person näher zu beleuchten. Doch der Aufwand lohnt sich. Wer diesen Schritt unternimmt, eignet sich dadurch Selbsterkenntnis an. Er erfährt etwas über seine Selbstkonzepte, Lebensmuster und Besonderheiten.

Was ist ein System?

Menschliches Leben ist sehr komplex und hat zahlreiche Facetten. Die Wechselwirkungen, die zwischen Menschen bestehen, sind vielfältig. Wenn wir dieser Komplexität gerecht werden wollen, müssen wir eine *systemische Sichtweise* entwickeln, mit der wir die Zusammenhänge verstehen können, in denen der Mensch steht. So gesehen bilden Mensch und Umwelt ein System, in dem einzelne Personen, bestimmte Gruppen oder sogar die gesamte Menschheit als Teile des Systems betrachtet werden können.

Ein System ist ein Netz zusammenhängender voneinander abhängiger Wirkfaktoren. Es ist nicht als gegenständliche Struktur aufzufassen, sondern stellt ein kognitives Modell oder eine Vorstellung dar, die dem Einzelnen dabei hilft, seine Wirklichkeit zu ordnen. Die systemische Sichtweise stellt also ein Hilfsmittel für das Erkennen von Mustern, Zusammenhängen und Strukturen dar, aus denen eine komplexe und dynamische Umgebung besteht.

Neben der strukturellen Komplexität sind Systeme auch durch Bewegung bzw. Dynamik gekennzeichnet. Dies bedeutet, dass laufend kleinere oder größere Veränderungen stattfinden. Diese Veränderungen sind im Detail kaum zu überblicken. Veränderungen können so ablaufen, dass sich die Interaktionsweise der Systemkomponenten (oder der »Subsysteme«) nur allmählich wandelt. Änderungen oder Wechselwirkungen können aber auch plötzlich eintreten. Entsprechendes gilt natürlich, wenn Menschen Teil eines Systems sind. Das hat zur Folge, dass sich der Einzelne in einem dynamischen, sich laufend verändernden System orientieren und zurechtfinden muss.

Als Menschen müssen und wollen wir in unserer jeweiligen Welt handlungsfähig sein und bleiben. Daher geht es bei unserem Versuch, Zusammenhänge zu verstehen, in erster Linie darum, *nützliche* Systemmodelle zu finden. Es geht weniger um die Suche nach der »Wahrheit« um ihrer selbst willen, sondern darum, sich systemische Konzepte und Sichtweisen anzueignen, die für uns *handlungsrelevant* sind. Bei der systemischen Sichtweise kommt es einerseits darauf an, einen Sachverhalt herauszugreifen und ihn im Detail zu betrachten, andererseits darf der Überblick über den Gesamtkontext nicht verloren gehen. Wie mit einem Zoomobjektiv müssen wir zwischen Tele- und Weitwinkelfunktion hin- und herpendeln, um Details zu betrachten und trotzdem das Ganze im Blick zu behalten.

Wir können Systeme oder Subsysteme auf unterschiedlichen Ebenen betrachten: Einmal schauen wir uns das Gesamtproblem, dann greifen wir ein Teilproblem heraus. Auf diese Weise können wir sehen, dass jede Veränderung des Systems, und sei sie noch so klein, Auswirkungen auf das Gesamtsystem haben kann. Bekanntlich kann eine minimale Veränderung in einem Computerprogramm verheerende Auswirkungen auf die Funktionsfähigkeit des gesamten Computersystems haben. Gleiches trifft auf zwischenmenschliche Systeme zu. Minimale Störungen in der Kommunikation können erhebliche Auswirkungen auf verschiedenen Beziehungsebenen haben. Nach der Theorie des Systemforschers Gregory Bateson ist es eben *nicht* egal, ob in Schanghai ein Fahrrad umfällt …

Mit der Veränderung unserer Erlebnis- und Verhaltensweisen verändern sich auch unsere Werte und Ziele. Beim Versuch, diese Veränderungen zu erkennen und zu verstehen, benötigen wir Orientierungspunkte. Sonst verlieren wir den Überblick und sind mit

Verwirrung konfrontiert. Bei der Betrachtung komplexer Systeme können uns Systemtheorien oder systemische Modelle dabei helfen, uns in der Welt zu orientieren. Sie dienen als Filter und führen zur Reduktion von Komplexität. Dies hat die positive Auswirkung, dass wir bei dem Versuch, Zusammenhänge zu verstehen, nicht in unserer Informationsverarbeitungskapazität überfordert werden. So eignen wir uns Systeme durch systemische Sichtweisen nach und nach an und machen sie auf diese Weise zum Teil unserer Realität.

Systemische Modelle der Aneignung

Beim Selbstmanagement werden Erkenntnisse und Hypothesen unterschiedlicher Disziplinen (z. B. Psychologie, Systemtheorie, Ökonomie) kombiniert und zu einer übergreifenden bzw. übergeordneten »Metastrategie« verbunden. Wir benötigen eine solche Metastrategie, um komplexe Aneignungsvorgänge zu verstehen und den Überblick zu behalten. Dazu stellen gerade Systemmodelle ein geeignetes Hilfsmittel dar. Wir können sie dazu nutzen, um Zusammenhänge zwischen unserer individuellen Lebenspraxis und interaktionellen Herausforderungen zu klären.

Dadurch, dass wir unsere eigene Lebenspraxis aus einer gewissen Distanz betrachten, können wir Zusammenhänge besser erkennen und zu einer neuen Sicht der Dinge kommen. Die Systemmodelle, an die wir uns dabei halten, haben die Funktion einer »reflektierenden Abstraktion«. Diese Modelle sind dazu geeignet, das Gesehene und Erlebte zu strukturieren und zu verstehen. Schemata dienen dabei als Selektionsmechanismen für bestimmte Lebensthemen. Eine Reihe von Wahrnehmungs- und Handlungsmustern eignet sich zur Betrachtung der Realität aus einer systemischen Perspektive:

- Beziehungen,
- Kommunikationsstile,
- Formen der Selbstdarstellung,
- Umgang mit Interaktionspartnern,
- Bewältigungsstrategien,
- individuelle Daseinsformen,
- körperliche (biologische) Voraussetzungen.

Die Berücksichtigung dieser Gegebenheiten erleichtern die *geistige Vorwegnahme* von Lösungsstrategien, das heißt die Planung von Lösungen. Wir folgen damit einer Philosophie des »Als-ob«, mit der wir uns im Gedankenspiel Wechselwirkungen bewusst machen und Entwicklungsmöglichkeiten ausmalen.

Systemisches Denken stellt eine Form der Aneignung dar. Die Information, die wir mittels systemischer Verstehensweisen gewinnen, ist vollständiger und realistischer als solche Information, die wir uns mittels anderer Verstehensweisen aneignen. Indem systemisches Denken komplexe (»multifaktorielle«) Wechselwirkungen einbezieht, wird es den tatsächlichen Gegebenheiten viel eher gerecht als einfache (»monokausale«) Denkmodelle. So können auf weitaus realitätsgerechtere Weise Probleme analysiert, Ressourcen mobilisiert und Lösungen herbeigeführt werden. Da systemische Sichtweisen der Entwicklung angemessener Bewältigungsstrategien dienen, sind sie integraler Bestandteil effektiven Selbstmanagements.

Aneignung verstehen

Ziel jeder Aneignung ist es, einen Überblick über eine gegebene Situation zu bekommen – einschließlich aller Teilaspekte. Ohne diesen Überblick können wir in komplexen Situationen nicht optimal handeln, da uns möglicherweise wichtige Informationen fehlen. Es ist nicht leicht, einen Überblick zu bekommen, wenn wir uns nicht gut orientieren können. Um sich Sachverhalte aneignen zu können, müssen wir zuverlässige Informationsquellen ausfindig machen und nutzen. Darüber hinaus sollten wir ein Gespür für Prioritäten haben, um zwischen wichtigen und unwichtigen Informationen unterscheiden zu können. Nur so sind wir in unserer Aneignung effektiv.

Wir haben gesehen, wie sich der Mensch Erlebens- und Verhaltensmuster im Zuge der Wechselwirkung von Akkommodation und Assimilation aneignet. Wichtig ist dabei die Wahrnehmung sowohl der äußeren als auch der inneren Realität. Aneignung erfordert also zwei Arten der Wahrnehmung: auf der einen Seite einen Blick für Dinge, die sich in der Außenwelt abspielen (Außenwahrnehmung), und auf der anderen Seite ein Gespür für innere Prozesse, die sich in der Person selbst abspielen (Introspektion). Wird einer dieser

Aspekte außer Acht gelassen, besteht die Gefahr, dass man sich nur ein unvollständiges Bild der Realität aneignet. Die Folge ist, dass Entscheidungen aufgrund unzulänglicher »Information« oder »Daten« getroffen werden.

Eine hilfreiche Methode, sich die erforderlichen Informationen einzuholen und einen Ablauf zu verstehen (d. h., sich ihn anzueignen), ist das sogenannte »Funktionsbedingungsmodell«. Dieses Modell geht davon aus, dass bestimmte Gegebenheiten das menschliche Verhalten maßgeblich beeinflussen. Zu diesen Gegebenheiten gehören erstens die *situativen Bedingungen,* die gerade bestehen, zweitens die *Person,* die den situativen Bedingungen ausgesetzt ist (einschließlich ihrer körperlichen und psychischen Verfassung), drittens die für diese Person typischen *Reaktionsmuster* und viertens die *Konsequenzen,* die aus den Reaktionsmustern entstehen. Will man sich auf diese Weise einen Ablauf vor Augen führen, ist es wichtig, dass eine »problembezogene Informationssammlung« vorausgeht, mittels der man sich über alle Punkte des Funktionsbedingungsmodells Klarheit verschafft:

- Die situativen Gegebenheiten sollten einem klar sein (»Situation«).
- Man sollte wissen, welche körperlichen und psychischen Voraussetzungen man zur Bewältigung von Anforderungen mitbringt (»Organismus«).
- Man muss sich klar darüber sein, zu welchen Reaktionsweisen oder Verhaltensmustern man neigt und wie stabil diese Reaktionsweisen sind (»Reaktion«).
- Man sollte sich vorstellen, welche Folgen das eigene Handeln haben kann bzw. mit welchen Reaktionen man rechnen muss (»Konsequenz«).

Anhand dieses Modells (kurz auch »SORK« genannt) kann man sich die Zusammenhänge vergegenwärtigen bzw. aneignen, die zwischen den äußeren Umständen, der eigenen inneren Realität, eigenen typischen Reaktionsweisen sowie den (erwarteten) Reaktionen von außen bestehen. So gesehen gleicht der Aneignungsvorgang einem kontinuierlichen Erkenntnisprozess, der durch laufende Bewusstmachung und ständiges Lernen sowohl Selbsterkenntnis als auch Verständnis für die Außenwelt verbessert. Durch diesen Erkenntnisprozess (bzw. Aneignungsvorgang) können wir eine realistische Vorstellung von uns selbst und unserer Umwelt bekommen, so dass wir uns in der Welt besser zurechtfinden und selbstwirksamer handeln können.

Allerdings drängen sich häufig plausible, aber falsche Sichtweisen auf, die wir trotzdem unreflektiert übernehmen. Manchmal verdrängen wir auch unliebsame Tatsachen. Verdrängte Tatsachen bleiben jedoch im Unbewussten erhalten, nur um zu späterem Zeitpunkt plötzlich wieder aufzutauchen und unsere Kommunikation oder unser Handeln (ungünstig!) zu beeinflussen.

Darüber hinaus sollten wir uns mit der Tatsache auseinandersetzen, dass jeder Mensch Fehler macht. Fehler sind uns meistens unangenehm, so dass wir sie am liebsten schnell vergessen möchten. Aber Aneignung bedeutet auch, dass wir uns mit unseren Fehlern auseinandersetzen und aus ihnen lernen. Diese Auseinandersetzung ist nämlich auch eine Form der Aneignung und Quelle nützlicher Information. Daher sollten wir bereit sein, Fehler zu akzeptieren und aus ihnen zu lernen.

Formen der Aneignung

Aneignung ist ein fortlaufender Prozess. Die Information, die wir aufnehmen und verarbeiten, ist ständig im Fluss. Die Erkenntnis, dass alles sich fortbewegt und nichts bleibt, wird auf den griechischen Philosophen Heraklit zurückgeführt. Ihm wird auch die Maxime »alles fließt« (griechisch: *panta rhei*) zugeschrieben. Dies trifft auf alle Arten von Information zu: Sachverhalte, Werte, Normen, Mythen, Emotionen usw. Daher ist es eine große Herausforderung für den Einzelnen, seinen individuellen Informationsbedarf zu decken, Wertvorstellungen zu entwickeln, zu überprüfen und gegebenenfalls anzupassen, neue Kenntnisse und Fähigkeiten zu erwerben, neue Standpunkte einzunehmen und bisherige Einstellungen zu verändern. Der Aneignungsvorgang kann einem dabei helfen, sich die eigenen Wünsche und Bedürfnisse bewusst zu machen und sich seine Fähigkeiten (d. h. Stärken) und Grenzen (d. h. Schwächen) vor Augen zu führen. Nur wenn uns diese Dinge bewusst sind, können wir auf Dauer ohne Unsicherheit und Entfremdung existieren, zielsichere Entscheidungen treffen, realistisch planen und effektiv handeln. Aneignung ist eine Voraussetzung dafür.

Mehrdimensionalität der Aneignung

Mehrdimensionalität ist ein wichtiger Aspekt von Aneignungsvorgängen. Oft fassen wir das, was sich in unserer Umgebung abspielt, nur mit unserem Verstand auf, das heißt *kognitiv*. Oft spüren wir aber auch die »Atmosphäre«, die gerade in unserer unmittelbaren Umgebung oder in unserem weiteren Umfeld besteht. In solchen Situationen reagieren wir eher *emotional*. Auf manche Tatsachen werden wir unsanft und sehr plötzlich gestoßen, beispielsweise wenn wir unerwartet kritisiert oder hintergangen werden. Aber auch das, was nicht offen ausgesprochen wird, kann uns verdeutlichen, wie sich die Dinge verhalten. Schließlich gibt es Sachverhalte, die wir zunächst nur *unbewusst* aufnehmen, gewissermaßen unterschwellig spüren, deren wirkliche Bedeutung wir erst viel später realisieren.

 Machen Sie sich bewusst, was Ihnen Stress bereitet. Erst dann können Sie Strategien entwickeln, um dem Stress zu begegnen. Stress oder psychische Überlastung ist häufig eine Folge negativen Denkens.

Eindimensionale Aneignung führt leicht zu Fehlattributionen, Missverständnissen und Konflikten. Pläne, Entscheidungen und Handlungen, die nicht auf einer mehr oder weniger vollständigen Wahrnehmung der Realität beruhen, sondern nur auf Ausschnitten der Realität basieren, haben häufig negative Folgen. Wenn wir aber unsere Denkmuster überprüfen und sie gegebenenfalls korrigieren bzw. modifizieren, reichern wir unsere Denkmuster durch zusätzliche Information an. So schaffen wir eine breitere Basis für unsere zwischenmenschlichen Beziehungen, Pläne, Entscheidungen und Handlungen. Das ist das eigentliche Ziel der Aneignung.

Gestehen Sie sich ein, wenn Sie erschöpft sind. Jeder Mensch ist auch einmal müde und braucht Zeit zur Erholung. Gehen Sie behutsam mit Ihrer körperlichen und seelischen Kraft um.

Aneignung relevanter Information

Wenn wir von lückenhafter Information und fehlerträchtigen Denkmustern ausgehen, stellt sich die Frage, was wir tun können, um dennoch ein möglichst vollständiges Bild von uns und unserer Umwelt zu bekommen. Es wäre natürlich völlig realitätsfern, unsere Augen vor Tatsachen zu verschließen und uns in eine vollkommene Scheinwelt zu versetzen. Also sollten wir uns mit unserer Umwelt und den dazugehörigen Personen auseinandersetzen. Der erste Schritt dabei ist die Aneignung relevanter Information.

 Versuchen Sie, achtsamer zu sein und die Dinge bewusster wahrzunehmen. Machen Sie sich selbst nichts vor und lassen Sie sich von anderen nichts vormachen. Die Wahrheit liegt oft in der Mitte.

Zunächst sollten wir unsere Aufmerksamkeit auf unsere Umgebung richten. Um unser Handeln nicht an unbestätigten Annahmen über unsere Umwelt auszurichten, muss der Aneignungsvorgang vollständige und zutreffende Informationen liefern. Ein möglichst authentisches Interesse an unserer Umgebung ist dabei sehr hilfreich. Das bedeutet auch, dass wir dazu bereit sein sollten, uns Rückmeldungen (»Feedback«) über unser Denken und Handeln anzuhören, ohne diese vorschnell als »berechtigt« oder »unberechtigt« zu bewerten. Darüber hinaus sollte uns klar sein, dass die Informationen, die wir erhalten und auf die wir schließlich unsere Entscheidungen und unser Handeln stützen, bruchstückhaft und unzulänglich sind. Das bedeutet natürlich auch, dass wir unsere eigenen Unzulänglichkeiten wahrnehmen. Auf diese Weise können wir uns einen brauchbaren Überblick bzw. eine vollständigere Sicht auf unsere Situation verschaffen.

 Unser Denken bestimmt unsere Gefühle (und umgekehrt). Nutzen Sie daher positive Gedanken, um positive Gefühle zu verstärken. Stellen Sie die positive Seite einer Sache in den Vordergrund. Eine positive Haltung entsteht dann wie von selbst.

Aufmerksamkeit kann nicht ohne Neugier oder Interesse über eine längere Zeit aufrechterhalten werden. Umgekehrt trifft zu, dass Interesse zu einer Verbesserung der Aufmerksamkeit führt. Wird die Neugier nicht befriedigt, sinkt das Aufmerksamkeitsniveau wieder. Das bedeutet, dass Neugier und Interesse den Aneignungsvorgang erleichtern können, weil beides die Aufmerksamkeit stärkt. Das ist für die Aneignung sehr wichtig.

 Achten Sie darauf, dass Ihre Interessen nicht verkümmern. Versuchen Sie Ihr Interesse an möglichst vielen Dingen aufrechtzuerhalten. Bemühen Sie sich darum, Ihre Interessen zu erweitern.

Aneignung durch Intuition

Bei der Aneignung spielt Intuition eine ganz besondere Rolle. Sie trägt dazu bei, das Bild, das wir uns aufgrund »harter« Daten oder Informationen machen, zu ergänzen und zu verfeinern. Die Vorstellung von uns selbst und unserer Umwelt wird durch intuitive Muster vervollständigt. Diese intuitive Empfindung (das viel zitierte »Bauchgefühl«) bestimmt unsere Vorstellung von der emotionalen Befindlichkeit anderer Menschen, der Beziehungsqualität, dem Stil der Kommunikation, eventuell bestehenden (unausgesprochenen) Abhängigkeiten, der allgemeinen »Atmosphäre«, dem ästhetischen Rahmen einer Situation usw. Solche Vorstellungen sind zwar »weiche« Daten, aber sie sind genauso wichtig wie alle anderen Informationen, die wir uns aus unserer Umwelt aneignen.

Viele Menschen können sich in ihrer Umgebung dadurch zuverlässig bewegen, dass sie allein ihrer Intuition vertrauen und ihr fast immer folgen. In den meisten Situationen wird aber Intuition allein nicht ausreichen, um den Anforderungen eines effektiven Selbstmanagements zu genügen. Trotzdem spielt Intuition für die Aneignung eine nicht zu unterschätzende Rolle. Wir sollten uns also im Klaren darüber sein, wie wichtig die Intuition für unser Denken und Fühlen ist und auf welche Weise Intuition unser Handeln beeinflusst. Erst wenn wir unsere intuitiven Denkmuster kennen, können wir uns bewusst mit ihnen auseinandersetzen. Wenn wir den Wert unserer Intuitionen erkennen, können wir uns in unserem Handeln nach ihnen richten. So können Intuitionen eine wichtige Hilfestellung in unübersichtlichen oder unklaren Situationen sein.

 Entwickeln Sie ein Empfinden für die Grenzen Ihrer körperlichen und psychischen Belastbarkeit. Nehmen Sie diese Grenzen wahr und erkennen Sie die Grenzen an. Setzen Sie Ihre Gesundheit nicht zugunsten Ihrer Arbeit aufs Spiel.

Beeinträchtigung der Aneignung

Woran lässt sich erkennen, dass unsere Aneignung nicht optimal abläuft? Anzeichen der Beeinträchtigung können verschiedene Formen annehmen. Häufig beeinträchtigen Unwissenheit oder Angst den Aneignungsvorgang. Fast immer erweisen sich unsere Denkmuster als nicht umfassend oder nicht flexibel genug. Dann entsteht eine verzerrte oder verfälschte Wahrnehmung mit entsprechender Verkennung der Realität.

Der Psychologe Martin De Waele hat eine Reihe von Anzeichen (oder Symptomen) identifiziert, die auf eine Beeinträchtigung des Aneignungsvorgangs hinweisen:

- *Es wird an irrelevanten Details und überholten Ansichten festgehalten.* Manche Menschen können relevante Informationen von irrelevanten Informationen schlecht unterscheiden. Darüber hinaus können manche Menschen ihre völlig überholten Ansichten oft nicht aufgeben, da sie weiterhin emotional sehr an ihnen hängen. Doch wenn wir unseren Aneignungsvorgang durch irrelevante Informationen überfrachten und nicht in der Lage sind, uns aus alten emotionalen Bindungen zu lösen, können wir auch nicht die Neugier entwickeln und die Offenheit haben, die wir für die Aneignung neuer Informationen und Ansichten brauchen.

- *Neue Informationen werden nicht wahrgenommen oder geleugnet.*
Neue Informationen können alte Denkmuster bereichern, relativieren oder auf andere Weise verändern. Wenn wir aber neue Informationen überhaupt nicht wahrnehmen oder nicht wahrhaben wollen, können wir diese Informationen nicht in unsere Denkmuster integrieren. Die Weigerung, neue Informationen anzunehmen, führt zu hoffnungslos veralteten Denkmustern. Als Folge bleibt unsere Perspektive eingeschränkt. Alte Denkmuster verzerren und begrenzen den Blick auf die Realität. Sie können höchstens dann für eine begrenzte Zeit nützlich sein, wenn wir uns vor komplizierten Sachverhalten verschließen oder uns in einem Umfeld bewegen, in dem es wenig Austausch gibt. Wenn wir aber mit der Notwendigkeit konfrontiert werden, unsere Denkmuster zu erweitern, zum Beispiel wenn unerwartete Probleme auftreten, dann droht die Gefahr, dass wir die jeweiligen Gegebenheiten falsch einschätzen und gravierende Fehler machen. Daher ist erhöhte Achtsamkeit angebracht, wenn wir vor einem Problem stehen, das neue Lösungsansätze erfordert.

- *Es besteht eine ständige Überforderung bzw. Überlastung des Aneignungsvorgangs.* In diesem Fall wird mehr Information aufgenommen und verarbeitet, als tatsächlich erforderlich wäre. Auf diese Weise wird der Aneignungsvorgang so stark beansprucht, dass er nicht ohne Schwierigkeiten ablaufen kann. Darüber hinaus werden die anderen Grundvorgänge (Beziehung, Planung, Entscheidung, Handlung) vernachlässigt oder ebenfalls mit nutzloser Information (»Datenmüll«) überlastet. Der Erkenntnisprozess des Einzelnen droht dann ins Stocken zu geraten, da es nicht nur schwerfällt, überflüssige Information auszublenden, sondern viel Zeit durch die Verarbeitung der nutzlosen Information verloren geht. Eine solche Überlastung kann höchstens dann einen gewissen Sinn haben, wenn sie von der Tatsache ablenkt, dass dem Einzelnen die Ziele fehlen. Dann kann der Informationsüberfluss sogar mögliche Ziele mit sich bringen. Aber in der Regel wird der Informationsüberfluss schnell kontraproduktiv.

- *Wichtige Information wird gezielt und systematisch ausgeblendet.*
In diesem Fall sind wir sehr selektiv in Bezug auf die Aufnahme neuer Informationen. Unsere Denkmuster fallen dann entsprechend einfach aus. Meistens ist uns überhaupt nicht bewusst, dass wir unsere Denkmuster auf diese Weise einschränken. Es gibt verschiedene Gründe für eine selbst herbeigeführte Begrenzung der Aneignung:
  - die Aufrechterhaltung des Selbstbilds angesichts einer Bedrohung oder einer sonstigen Verunsicherung;
  - die fälschliche Überzeugung, das Selbstwertgefühl unter allen Umständen bewahren zu müssen;
  - die Vermeidung jeder zwischenmenschlichen Auseinandersetzung oder sonstigen emotionalen Belastung, wie zum Beispiel Streit (Konfliktvermeidung);
  - die Weigerung, eigene Grenzen anzuerkennen, bzw. die Leugnung der Notwendigkeit, Neues lernen zu müssen;
  - der Wunsch, Unsicherheiten stets um jeden Preis zu vermeiden.

Wie gehe ich mit meiner Unsicherheit um? Manchmal sollten wir mehr Mut zur Lücke haben! Es gibt immer Sterne, die weniger hell leuchten als die anderen!

Beeinträchtigung durch Inkongruenz

Misslungene Aneignung kann zur Folge haben, dass unsere subjektiven Sichtweisen nicht mit der äußeren Realität übereinstimmen. Wenn unsere Werte und Ziele mit den Gegebenheiten nicht harmonieren, entsteht eine Differenz (oder Spannung) zwischen innen und außen. Diese Spannung kann zur Verfälschung unserer Wahrnehmung und zu unangemessenen Reaktionen führen. Auf diese Weise kommen Fehlanpassungen zustande, die sich negativ auf uns und unsere Interaktion mit anderen auswirken. Unausgeglichen sind wir dann, wenn die äußere Realität im Widerspruch zu unserem Selbstkonzept (d. h. die innere Realität, die uns als Person ausmacht) steht. Diese Diskrepanz wird auch als »Inkongruenz« bezeichnet. Inkongruenz besteht beispielsweise dann, wenn wir das Gefühl haben, dass wir etwas richtig gemacht haben, ein Kollege uns aber suggeriert, dass wir unsere Aufgabe nicht besonders gut erledigt hätten. Da Inkongruenz zu Frustration, Unzufriedenheit, Ineffektivität und Demotivation führt, kann Inkongruenz zu Irritationen führen, die den Aneignungsvorgang erheblich beeinträchtigen.

 Machen Sie sich bewusst, wo für Sie die Grenze zwischen Arbeitsleben und Privatleben verläuft. Auch wenn die Grenze fließend ist, sollten Sie versuchen, zwischen beiden Bereichen zu unterscheiden.

Bei der Aneignung spielen aber auch unsere Emotionen eine wichtige Rolle. Emotionen können uns daran hindern, uns bestimmte Zusammenhänge bewusst zu machen. Dann können Emotionen Lernprozesse verhindern. In diesem Zusammenhang sind zwei Störfaktoren besonders wichtig: Unwissenheit und Angst. Diese beiden Faktoren wollen wir nun etwas näher ansehen.

Beeinträchtigung durch Unwissenheit

Unwissenheit hindert uns daran, Zusammenhänge zu erkennen und die erforderlichen Schlüsse zu ziehen. Wenn jemand über sich und sein Umfeld schlecht orientiert ist, können seine Vorstellungen und Denkmuster nur rigide und konturlos sein. Undifferenzierte oder zu einfache Denkmuster machen es uns aber schwer, neue Informationen zu integrieren. Dann können wir mit neuer Information wenig anfangen oder betrachten diese als wertlos, da uns der Kontext fehlt. Wenn wir schlecht informiert sind, lassen wir uns auch leichter manipulieren. Wir verlieren schnell den Überblick und lassen uns leicht auf problematische Situationen ein. Je schlechter wir Bescheid wissen, desto eher greifen wir auf alte und bekannte Denkmuster zurück, wenn wir mit einem Problem konfrontiert sind. Doch sind alte Denkmuster nicht immer die besten! Denn wer sich zu schnell auf alte Denkmuster bzw. Strategien zur Problembewältigung verlässt, verkennt komplexe Situationen und kann sich nicht situationsgerecht verhalten. Unwissenheit führt auf diese Weise zu Unsicherheit. Ist die Informationsaufnahme gelähmt, wird der gesamte Aneignungsvorgang zu einem frühen Zeitpunkt gestört. Aneignung kann aber nur dann erfolgen, wenn neue Information auf bestehende Denkmuster oder Schemata trifft und diese neue Information unser Denken modifiziert. Im Extremfall fehlen die entsprechenden Anknüpfungspunkte, so dass neue Information nicht genutzt werden kann und der Betreffende in starren Denkmustern verharrt. Wird Selbsterkenntnis verlangt, wo wir uns nicht selbst erkennen können, entsteht Betriebsblindheit im Hinblick auf uns selbst. Dann ist Dazulernen kaum mehr möglich.

Beeinträchtigung durch Angst

Angst ist zunächst einmal eine ganz *natürliche* menschliche Reaktion. Angst tritt dann auf, wenn wir mit einer bedrohlichen Situation konfrontiert sind. Aus Unwissenheit kann Angst entstehen, wenn eine neue Situation unlösbar erscheint oder neue Anforderungen nicht zu bewältigen sind. Je besser der Aneignungsvorgang in der Vergangenheit funktioniert hat, das heißt, je mehr Informationen wir uns angeeignet haben, desto weniger neigen wir dazu, auf neue Situationen mit Angst zu reagieren. Wenn aber der Aneignungsvorgang nicht gut funktioniert hat, reagieren wir in neuen Situationen oder angesichts neuer Anforderungen mit Unsicherheit und Angst.

Es kommt zuweilen vor, dass Angst so sehr lähmt, dass keinerlei Gespräch mehr möglich erscheint. Manchmal hilft dann die Visualisierung der Ängste. Was wird wahrscheinlich passieren? Was könnte im schlimmsten Fall passieren? Die Antworten auf diese Fragen sind oft hilfreich, um einen Weg aus der Angst aufzuzeigen.

 Stellen Sie Fragen und äußern Sie dabei offen Ihre Wünsche. Wer nicht wagt, der nicht gewinnt! Das Schlimmste, was Ihnen passieren kann, ist, dass Sie ein Nein als Antwort bekommen. Wenn Sie nicht fragen, können Sie auch kein Ja als Antwort erwarten.

Es gibt einen engen Zusammenhang zwischen Angst und den fünf Grundvorgängen (Aneignung, Beziehung, Planung, Entscheidung,

Handlung). Je zahlreicher unsere stabilen und tragfähigen Beziehungen sind, desto weniger reagieren wir auf neue Situationen mit Unsicherheit und Angst. Wenn wir aber nur wenige tragfähige Beziehungen haben oder wenn auf diese Bezugspersonen kein Verlass ist, sind wir anfällig für Unsicherheit und Angst.

Angst kann unsere Fähigkeit, neue Information aufzunehmen und zu verarbeiten, drastisch einschränken. Neue Information kann in einer Situation, die durch Angst gekennzeichnet ist, nicht auf ihre Relevanz überprüft werden. Folglich überblicken wir auch nicht die Tragweite unserer Entscheidungen und Handlungen. Häufig übertragen wir alte Denkmodelle unreflektiert auf neue Situationen. Aus unserer Angst heraus bemühen wir überholte Problemlösestrategien, die für eine gegebene Situation unangemessen und daher ineffektiv sind.

Ähnliches gilt für unser Handeln: Je öfter wir aus den Konsequenzen unseres Handelns gelernt haben, desto seltener reagieren wir in neuartigen Situationen mit Angst, auch wenn diese Situationen uns bisher wenig erprobte Handlungsweisen abverlangen. Je seltener wir uns aber konkretes Handeln zutrauen und ausprobieren, desto leichter lassen wir uns durch neue Anforderungen verunsichern. Eine bekannte Devise lautet ja: »Aus Fehlern wird man klug!«

Angst kann aber auch als *erlernte* menschliche Reaktion eine Rolle spielen. Das ist besonders dann der Fall, wenn ein Mensch im Lauf seines Lebens oft kritisiert oder zurückgewiesen worden ist. Solche Menschen sind in ihrem Selbstwert erschüttert und neigen aus dieser Verunsicherung ganz besonders zu ängstlichen Reaktionen. Je häufiger jemand enttäuscht wurde, desto seltener wird er in der Lage sein, seinen Standpunkt zu äußern und zu behaupten. Ein solcher Mensch wird seltener seine Denkmuster an der Realität überprüfen und neue Information nicht mit der erforderlichen Weitsicht aufnehmen.

Ein geringes Selbstbewusstsein führt dazu, dass wir versuchen, unsere Unabhängigkeit und Handlungsfähigkeit wiederzuerlangen, sofern wir nicht im Sinne der »erlernten Hilflosigkeit« (Seligman) in einem ohnmächtigen Zustand verharren! Um dieses Ziel zu erreichen, kann es zu Verzerrungen bei unserer Aneignung kommen, und zwar dahingehend, dass alle neuen Informationen in erster Linie unter dem Gesichtspunkt der Selbstwertstabilisierung aufgenommen werden. Neue Informationen werden als Bestätigung der eigenen Person betrachtet. Das kann zu Verhaltensweisen führen, die andere Menschen für unangemessen halten.

Eine andere Möglichkeit der Selbstwertstabilisierung ist die Suche nach Bestätigung für das eigene (negative!) Selbstbild. Diese Möglichkeit bietet zwar keine direkte Steigerung unseres Selbstwerts, kann uns aber insofern eine gewisse Selbstbestätigung geben, als die eigene Sichtweise bestätigt wird – auch wenn diese negativ ist. Dann beziehen wir neue Information auf uns, statt sie in einen realistischen Kontext einzuordnen, beispielsweise wenn es darum geht, die Gefühlslage einer anderen Person wahrzunehmen und entsprechend auf diese Person zu reagieren.

 Versuchen Sie, die Dinge mit einer angemessenen Gelassenheit zu sehen. Versuchen Sie, Ihre Aufgaben möglichst locker und mit Leichtigkeit anzugehen. Bei Angelegenheiten, die nicht lebenswichtig sind, ist oft eine sorglose Haltung angebracht.

Zweideutigkeit und Aneignung

Zweideutigkeit ist ein Bestandteil fast jeder zwischenmenschlichen Kommunikation. Es ist ein normales Phänomen, das ständig und überall auftritt, sowohl im Privatbereich als auch bei der Arbeit. Im Gespräch treten Zweideutigkeiten meist unbeabsichtigt auf. Häufig zeigen sie innere Widersprüche von Personen oder Ungereimtheiten innerhalb eines Systems an. Wenn Zweideutigkeiten die Kommunikation ganz und gar bestimmen, weist dies auf eine Störung der Kommunikation hin. Aber was sind die Kennzeichen zweideutiger Mitteilungen, und wie erkenne ich sie? Wozu dienen zweideutige Mitteilungen, und wie kann ich sie verstehen? Wie kann ich angesichts zweideutiger Mitteilungen Irritationen vermeiden und mir eine realistische Sichtweise aneignen? Wir wollen möglichen Antworten auf diese Fragen nachgehen.

Zweideutigkeit erkennen

Botschaften werden meist auf mehreren Ebenen vermittelt und können daher zweideutig sein. Weit verbreitet und sehr oft irritierend sind Botschaften, bei denen ein Widerspruch besteht zwischen dem, was auf *verbale* Weise (d. h. durch Worte) gesagt wird, und dem, was auf *nonverbale* Weise (d. h. durch Mimik oder Gestik) mitgeteilt wird. Eine Botschaft hat also zwei Seiten, eine verbale und eine nonverbale. Beispielsweise kann jemand nicken und zugleich Nein sagen. Die nonverbale Mitteilung ist meist weniger eindeutig als die verbale und steht häufig im Widerspruch zu ihr.

Zweideutigkeiten können zum Beispiel in Bewerbungsgesprächen vorkommen. In diesem Fall ist der Arbeitgeber an einem Bewerber sehr interessiert und betont dies im Bewerbungsgespräch. Bietet der Arbeitgeber aber dem Bewerber ein weit unterdurchschnittliches Gehalt an, widerspricht der Arbeitgeber der zunächst vermittelten Botschaft. Der Bewerber ist enttäuscht und geht davon aus, dass der Arbeitgeber doch kein großes Interesse an ihm hat.

Wie Zweideutigkeiten den Betroffenen irritieren und verunsichern, aber auch massiv beeinflussen können, sehen wir an einem klassischen Beispiel aus der Erziehung: Eltern vermitteln einem Kind verbal die Botschaft: »Du darfst machen, was du willst.« Gleichzeitig machen sie aber durch Mimik und Tonfall deutlich: »Wir bestrafen dich, wenn du dich anders verhältst, als wir es wollen.« Auf einer Ebene wird vermittelt, dass es sich *so* verhalten soll, auf einer anderen Ebene, dass es sich *nicht so* verhalten soll. Das Kind befindet sich dann in einer unlösbaren Situation, die Doppelbindung (»doublebind«) genannt wird. Natürlich können auch Erwachsene in ganz ähnliche Zwickmühlen geraten.

Manche Zweideutigkeit (oder Doppelbindung) stellt nur ein harmloses Gedankenspiel oder Rätsel dar, das uns auf witzige Weise gewisse Widersprüche des Lebens vor Augen führt. Andere Zweideutigkeiten beeinträchtigen unseren Aneignungsvorgang erheblich, indem sie verwirren und die Realität verschleiern. Dann stellen Zweideutigkeiten Irritationen dar, die Konflikte verursachen, sich negativ auf das Gemüt auswirken und das Selbstwertgefühl beeinträchtigen. Manchmal stellen Zweideutigkeiten die persönliche Identität in Frage oder untergraben diese sogar. Dann wirken sich Doppelbindungen besonders schädlich auf den Aneignungsvorgang aus und machen Entscheidungen schwer.

Angesichts zweideutiger Botschaften kommt es daher darauf an, nicht nur auf das zu achten, was gesagt wird, sondern auch auf Gestik, Mimik und Tonfall. Wenn es zu Diskrepanzen zwischen den Mitteilungsebenen kommt, ist es wichtig, *beide* Botschaften zu entschlüsseln und zu verstehen (d. h. sich anzueignen). Auch wenn wir Zweideutigkeiten nicht immer eindeutig erkennen, merken wir doch meist, dass etwas »nicht stimmt«, wenn wir mit widersprüchlichen Botschaften konfrontiert werden.

Zweideutigkeit verstehen

Wie entstehen zweideutige Botschaften? Wozu führen sie, und wie kann man sie verstehen? Zweideutige Botschaften gehen häufig aus zwei Situationen hervor:

- *Erklärte* Ziele unterscheiden sich tiefgreifend von *tatsächlichen* Zielen oder sind unvereinbar miteinander.
- Ein Unterschied besteht zwischen dem, was als *erstrebenswert* bezeichnet wird, und dem, was *wirklich* getan wird.

Eine zweideutige Botschaft ist also entweder das zufällige Ergebnis einer unklaren Situation oder der gezielte Versuch zu verschleiern, dass angebliche Idealvorstellungen nicht mit den tatsächlichen Gegebenheiten in Übereinstimmung zu bringen sind. In keinem Fall stellen Zweideutigkeiten eine effektive Kommunikationsstrategie dar. Vielmehr beeinträchtigen sie den Aneignungsvorgang sowohl des Absenders als auch des Empfängers: Der Absender bemerkt den Realitätsverlust möglicherweise nicht (d. h., diese Information geht verloren), und der Empfänger weiß nicht, nach welcher Botschaft er sich richten soll: der offenen oder der verborgenen?

Zweideutige Botschaften bauen beim Absender Schuld- oder Schamgefühle ab, die aus der Diskrepanz zwischen Anspruch und Wirklichkeit entstehen. Solche Botschaften können zum Beispiel dazu dienen, in peinlichen Situationen das Gesicht zu wahren. Häufig werden zweideutige Mitteilungen gemacht, wenn die wahre Botschaft unangenehm ist und von einer »akzeptablen« Aussage überlagert werden muss. Beispielsweise wird die Entlassung von Mitarbeitern häufig als »Verschlankung« des Unternehmens umschrieben, die der »Verbesserung der Wettbewerbsfähigkeit« dient. Aber auch der Empfänger kann zweideutig auf eine Mitteilung reagieren, entweder weil er in einem Dilemma steckt und nicht eindeutig reagieren kann, oder weil er den Absender absichtlich verunsichern möchte. Da Kommunikation nicht von unseren Beziehungen isoliert betrachtet werden kann, sind bei zweideutigen Aussagen zwangsläufig auch die zwischenmenschlichen Beziehungen der Beteiligten betroffen. So reagieren wir mit Enttäuschung und fühlen uns verschaukelt, wenn wir Opfer zweideutiger Kommunikation werden.

Mit Zweideutigkeit umgehen

Doch wie kann man angesichts zweideutiger Botschaften Irritationen vermeiden und sich eine realistische Sichtweise aneignen? Zunächst sollten wir erkennen, dass es zweideutige Botschaften gibt und dass sie die Aneignung beeinträchtigen. Erst dann können wir beginnen, Zweideutigkeiten aufzuspüren und uns eine realitätsnahe Sichtweise anzueignen.

Zweideutigkeiten wirken sich besonders negativ aus, wenn sie auf die inneren Widersprüche des Betroffenen oder dessen Schuldgefühle treffen. Dabei können die Zweideutigkeiten sowohl an eigenen Ambivalenzen als auch an zweideutigen Botschaften des Gegenübers liegen. In Situationen, die von Unklarheit und Verunsicherung geprägt sind, ist der Einzelne am ehesten manipulierbar. Daher sollten wir uns mit unseren inneren Widersprüchen intensiv auseinandersetzen und versuchen, die Hintergründe dieser Widersprüche besser zu verstehen. Dadurch verbessern wir unsere Fähigkeit, Zweideutigkeit zu erkennen und zu »entschlüsseln«. Wenn es uns gelingt, unsere eigene Widersprüchlichkeit und Unentschlossenheit (Ambivalenz) realistisch einzuschätzen, können wir auch die Motive »entmystifizieren«, mit denen wir uns unter Druck setzen und die uns negativ beeinflussen.

Erst wenn wir uns mit unseren eigenen Gefühlen auseinandersetzen, können wir konstruktiv mit ihnen umgehen. Darin liegt eine große Chance für die eigene Entwicklung. Der Psychologe Halko

Weiss spricht in diesem Zusammenhang von »Achtsamkeit«. Das Konzept der Achtsamkeit geht letztendlich auf die indische Philosophie des Vedanta zurück. Dort ist von »Samadhi« oder »Sammlung« die Rede, die der Ablenkung oder Zerstreuung entgegenwirken soll. Hier wird übrigens die Nähe zum Yoga deutlich, so wie der Religionswissenschaftler Mircea Eliade ihn ausformuliert hat. Der Philologe Heinrich Zimmer spricht davon, dass Samadhi bzw. Sammlung ein »ständiges Dem-Selbst-Innesein in wachem Zustand« sei. Achtsamkeit ist demnach die bewusste Lenkung der Aufmerksamkeit auf das gegenwärtige Geschehen, den gegenwärtigen Moment, das gegenwärtige Erleben sowie die Akzeptanz dieses Erlebens. Achtsam sollten wir sowohl in Bezug auf uns selbst sein, aber auch in Bezug auf unsere Umwelt. Das bedeutet in erster Linie auf die Menschen in unserer Umgebung, aber auch auf die Welt, in der wir heute leben.

Schritte zu besserer Aneignung

Die Auseinandersetzung mit den eigenen Verhaltensmustern kann zur Optimierung des Aneignungsvorgangs führen. Folgende Überlegungen sollen die Entwicklung konkreter Schritte zur Verbesserung des Aneignungsvorgangs erleichtern:

- *Lernbereitschaft und Offenheit für Neues bewahren:* Die Aneignung einer neuen Lebenssituation kann durch unzureichende Offenheit für Neues beeinträchtigt sein. Gerade wenn alles nur vom eigenen Standpunkt aus gesehen wird, ist die Erfassung neuer Aspekte der Realität erschwert. Die Bereitschaft, eigene Standpunkte zu relativieren, und der Wille, mehr über sich selbst zu erfahren, ermöglicht es uns, den Blick für die Realität zu bewahren.

 Achten Sie darauf, dass Sie Ihre Sichtweise nicht zu sehr einschränken. Betrachten Sie eine Situation möglichst aus mehreren Perspektiven. Bewerten Sie dann erst die Situation und ziehen Sie Ihre Konsequenzen.

- *Bewusstsein für die eigene Individualität bzw. Einzigartigkeit entwickeln:* Es ist einfach, sich einem neuen Umfeld ganz und gar anderen Menschen auszuliefern und dabei die eigene Individualität zu vergessen. Dadurch riskiert man, eigene Sichtweisen, Werte, Prioritäten, Bedürfnisse und Ziele zu vernachlässigen. Wer sich aber über die eigene Individualität im Klaren ist, kann sich auch eine verzerrungsfreie und damit realistische Sicht seines neuen Umfelds aneignen.

 Achten Sie auf die Signale und die Bedürfnisse Ihres Körpers. Nutzen Sie diese Signale als Anhaltspunkte dafür, ob Ihr Leben im Gleichgewicht ist.

- *Bedeutung der eigenen Emotionen kennen und verstehen:* Gefühle begleiten unseren Aneignungsvorgang und können ihn sehr erleichtern. Sie helfen uns zu unterscheiden, welche Angelegenheiten sachlicher und welche persönlicher Art sind. Gefühle beeinflussen aber auch unsere Sichtweise dahingehend, dass wir alles im Licht unserer gegenwärtigen emotionalen Verfassung wahrnehmen. So können Emotionen unseren Aneignungsvorgang verzerren oder empfindlich stören (z. B. wenn wir durch die »rosarote Brille« schauen oder »blind vor Wut« sind). Daher ist es wichtig, sich intensiv mit dem emotionalen Gehalt unserer Denkschemata auseinanderzusetzen.

 Nehmen Sie Ihre eigene Befindlichkeit bewusst wahr. Konzentrieren Sie sich auf sich selbst und versuchen Sie, einen Zustand psychischer Entspannung herbeizuführen.

- *Bereitschaft, eigene Denkmuster zu verändern und sich den Gegebenheiten anzupassen:* Wenn wir verstanden haben, wie unsere Denkschemata zustande kommen und wie wir sie verändern können, ist unser Umgang mit den jeweiligen Gegebenheiten viel sicherer, flexibler und offener. Wir haben dann einen besseren Überblick, da wir Zusammenhänge erkennen, die anderen verborgen bleiben oder ihnen unverständlich sind. Darüber hinaus können wir auch symbolische oder zweideutige Botschaften besser entschlüsseln und gegebenenfalls darauf eingehen. Dadurch, dass wir unsere Denkschemata entsprechend verändern, können wir Veränderungen in unserem Umfeld deutlicher wahrnehmen und besser mit diesen Veränderungen umgehen.

 Vieles ist eine Frage der Interpretation. Überlassen Sie daher die Interpretation eines Sachverhalts nicht anderen Menschen. Ob Sie ein Glas, das zur Hälfte mit Wasser gefüllt ist, als halb leer oder halb voll betrachten, liegt an Ihnen!

- *Fähigkeit, sowohl mit klaren Aussagen als auch mit Zweideutigkeiten umzugehen:* Das bedeutet, keine voreiligen Schlüssen aus verbalen oder nonverbalen Botschaften zu ziehen und Zweideutigkeiten zunächst auszuhalten. Meist wird uns mit der Zeit die Bedeutung einer Zweideutigkeit klar. Dann können sie unsere Sichtweise ergänzen und zu einer differenzierten Wahrnehmung der Realität beitragen. Kennzeichen einer reifen Persönlichkeit ist die Fähigkeit, Widersprüche auszuhalten. Manchmal ist die Loslösung von bisherigen Ansichten erforderlich, um eine neue Situation richtig einzuschätzen. Wenn wir in der Lage sind, Klarheit und Mehrdeutigkeit nebeneinander zu akzeptieren, ist meist ein engerer Bezug zur Realität möglich.

 Es kommt nicht auf die Dinge selbst an, sondern darauf, wie wir sie bewerten. Vieles ist nicht von vornherein gut oder schlecht. Ihre Bewertung macht sie erst dazu. Versuchen Sie daher, die positive Seite an einem Sachverhalt zu sehen.

- *Fähigkeit, genau hinzusehen und hinzuhören:* Diese Fähigkeit bedeutet, sowohl das zu hören, was gesagt wird, als auch das wahrzunehmen, was ungesagt bleibt. Wir sollten auch ein Gespür dafür haben, was getan und was unterlassen wird. Um richtig hinzusehen und hinzuhören, sollten wir auf beteiligte Personen, Verhaltensweisen, Stimmungslagen und informelle Botschaften sehr genau achten. Was wird zu welchem Zeitpunkt und auf welche Weise kommuniziert? Von wem geht die Botschaft aus? Wer ist der Adressat? Wer seine Aufmerksamkeit auf nur einen dieser Aspekte lenkt, verzichtet auf wesentliche Informationen.

 Nehmen Sie die Bedürfnisse anderer wahr. Hören Sie zunächst anderen aufmerksam zu. Bewerten Sie nicht gleich das, was Sie hören. Versuchen Sie, den Standpunkt Ihres Gegenübers zu verstehen, bevor Sie reagieren.

– *Berücksichtigung der Herkunft von Informationen und deren Übertragungswege:* Wir sollten unseren Informationsquellen eine besondere Aufmerksamkeit schenken. Woher erfahren wir etwas? Ist die Information für uns neu? Ist die Information relevant? Können wir die Information überhaupt verarbeiten? Die Aneignung von Information ist leichter, wenn sie für uns neu, interessant und relevant ist. Beispielsweise können wir uns Informationen, die uns langweilig erscheinen, schwer merken. Interessante und relevante Informationen können wir hingegen gut behalten. Interessante Informationen sind aber manchmal auch irrelevant …

 Schärfen Sie Ihre Sinne. Achten Sie auf Ihre unmittelbare Umgebung einschließlich der Menschen und Dinge, die in Ihrer Nähe sind. Nehmen Sie die Natur bewusster wahr. Führen Sie sich den Gesamtzusammenhang vor Augen, in dem Sie als Mensch stehen.

– *Bereitschaft zur laufenden Überprüfung unserer Gedanken und unseres Handelns:* Gute Aneignung verlangt, dass wir unsere Denkschemata ständig an der Realität überprüfen und gegebenenfalls korrigieren. Diese Realitätsprüfung kann auf verschiedene Weise erfolgen, beispielsweise indem wir uns mögliche Konsequenzen unseres Handelns vor Augen führen oder durch Rückmeldung von Menschen aus unserer Umgebung. Wenn wir stets erst die Konsequenzen unseres Handelns abwarten und dann reagieren, sind wir in unserem Handeln viel weniger flexibel, als wenn wir uns die Konsequenzen unseres Handelns im Vorfeld ausmalen.

Entwickeln Sie Ihre Fähigkeit zur Reflexion. Nehmen Sie sich die Zeit, wichtige Fragen zu betrachten. Üben Sie aktiv das Einnehmen eines neuen Standpunkts, auch wenn er zunächst ungewohnt erscheint. Oft ermöglicht dies die Neubewertung eines Problems und das Finden einer Lösung.

Wichtig für unsere Erkenntnis der Realität ist eine genaue Vorstellung von unserem eigenen Aneignungsvorgang (»Wie läuft Aneignung bei mir ab?«). Wenn wir diesen Vorgang bei uns selbst verstehen, können wir auch viel besser verstehen, wie sich andere Menschen die Realität aneignen und welche Erkenntnisprozesse sie durchlaufen. So gewinnen wir ein besseres Verständnis für die Art und Weise, wie andere Menschen denken und fühlen. Zugleich fördern wir unseren eigenen (Selbst-)Erkenntnisprozess.

Beziehung: Ich bin nicht allein auf der Welt

Warum sind zwischenmenschliche Beziehungen für jeden Menschen wichtig? Zunächst einmal sind Beziehungen einfach da! Wir leben alle in einem Geflecht vielfältiger Beziehungen zu mehr oder weniger nahestehenden Menschen. Wichtig ist, dass wir Menschen haben, die wir lieben und die uns lieben. Erst im »Du« werden wir zum »Ich«. Wir alle haben Angehörige, Freunde, Kollegen, viele haben einen Vorgesetzten, manche haben vielleicht eigene Mitarbeiter, treffen Kunden oder haben mit Dienstleistern zu tun ... Die einzigen Menschen, die ohne nennenswerte Beziehungen leben, sind Einzelinhaftierte, Einsiedler und manche Autisten! Alle anderen haben das Glück (oder manchmal auch das Pech!), in ein Geflecht zwischenmenschlicher Beziehungen eingebunden zu sein. Daher ist das Thema »Beziehung« für die meisten Menschen unerschöpflich (Tabelle 4).

Tabelle 4: Warum sind Beziehungen wichtig?

Wir leben alle in einem Geflecht vielfältiger Beziehungen.
Es gibt gute und schlechte Beziehungen.
Es gibt mehr oder weniger enge Beziehungen.
Besteht ein Machtgefälle?
Geht es um »gewählte« oder »bestimmte« Beziehungen?
Beziehungen sind einfach da!

 Pflegen Sie Ihre persönlichen Beziehungen. Beziehungen sind für das Wohlbefinden unerlässlich. Bemühen Sie sich darum, Ihre Partnerschaft aktiv zu stärken. Kümmern Sie sich um Ihre Freundschaften. Investieren Sie Zeit in Ihre familiären Beziehungen.

Wir können uns die verschiedenen Arten von Beziehung näher ansehen. Es gibt gute oder schlechte, harmonische oder unharmonische Beziehungen. Es gibt mehr oder weniger enge, selbst gewählte oder fremdbestimmte Beziehungen. Wesentlich ist zunächst einmal, dass wir in Beziehungen gehört werden wollen. Darüber hinaus wollen wir wertgeschätzt werden und uns verstanden fühlen, sowohl in unserem Privatleben als auch in unseren beruflichen oder geschäftlichen Beziehungen. Das ist für unser Selbstbewusstsein und damit unsere Selbstzufriedenheit sehr wichtig.

Eine besonders wichtige Frage ist die Frage nach der Macht. Besteht ein Machtgefälle in der Beziehung? Oft geht es in Beziehungen schnell um das Thema Macht. Es gibt Machtgefälle, die nach außen offen zu erkennen sind, aber auch informelle Machtgefälle, die nur durch Zuschreibung von Macht funktionieren und nach außen hin nicht leicht erkennbar sind. In solchen Fällen wird die Macht der Person zugeschrieben, die das größte Vertrauen genießt oder die größte Kompetenz hat. Ein solches informelles Machtgefälle kommt beispielsweise durch die Redewendung »der (oder die!) hat die Hosen an« zum Ausdruck. Aus der Betrachtung des formellen bzw. informellen Machtgefälles ergeben sich die Antworten auf wichtige Fragen: Mit wem muss ich reden, wenn ich etwas erreichen will? Wie gehe ich mit meiner Macht oder Ohnmacht um? Wie begegne ich der Macht oder Ohnmacht anderer?

 Befürchten Sie nicht den Verlust zwischenmenschlicher Harmonie, wenn es mit anderen Menschen einmal schwierig wird. Versuchen Sie, sich von Schuldgefühlen zu befreien. Das stärkt Ihr Selbstvertrauen.

Welche Rolle spielen Beziehungen für das Selbstmanagement?

Den meisten Menschen geht es nur dann wirklich gut, wenn sie das Gefühl haben, dass das Gefüge ihrer zwischenmenschlichen Beziehungen »stimmt«. Vieles, was mit unseren Beziehungen zusammenhängt, spielt sich völlig unbewusst ab. Die bewusste Gestaltung von

Beziehungen ist dennoch sehr wichtig für ein gutes Miteinander. Der Psychiater Manfred Spitzer meint: »Beziehungen bedeuten lernen und Spaß haben!«

 Gehen Sie auf andere Menschen zu. Sprechen Sie miteinander und tauschen Sie sich aus. Pflegen Sie Ihre Freundschaften und erlauben Sie sich, gemeinsam Spaß zu haben.

Bevor wir aber Beziehungen lernend gestalten können, sollten wir uns unsere eigenen Anteile in Beziehungen bewusst machen. Welche Rolle spielen dabei Fremdwahrnehmung und Eigenwahrnehmung? In welcher Weise beeinflussen andere Menschen mich und in welcher Weise beeinflusse ich sie? Wenn beispielsweise jemand freundlich zu mir ist, fühle ich mich gut. Dann hat derjenige durch sein Verhalten mein Wohlbefinden beeinflusst. Wenn ich aber nicht gut behandelt werde, fühle ich mich schlecht. Wenn ich dann meine schlechte Laune an jemand anderem auslasse, beeinflusst meine Laune dessen Wohlbefinden. Die gegenseitige Beeinflussungsmöglichkeit bringt die Frage der Verantwortung mit sich. Dazu meint der Philosoph Reinhard Sprenger treffend: »Nur in einer Beziehung kann Pflicht zur Selbst-Verpflichtung werden. Nur in einer Beziehung kann Verantwortung zur Selbst-Verantwortung werden.« Daher ist die Frage wichtig, wie ich mit schlechten Gefühlen (wie z. B. Ärger, Wut, Neid, Enttäuschung, Reue, Hass) umgehe und welche Auswirkungen diese Gefühle auf andere Menschen haben können. Wie kann ich schlechte Gefühle am besten verarbeiten? Und was kann ich tun, damit es mir möglichst schnell wieder gut geht?

 Gehen Sie offen mit Ihren Gefühlen um, sowohl mit sich selbst als auch gegenüber anderen. Zeigen Sie Ihre Gefühle, aber vermeiden Sie dabei Destruktivität. Setzen Sie sich mit Ihren Schwächen auseinander und lernen Sie Ihre Grenzen kennen.

Weil sich unsere Beziehungen ganz unmittelbar auf unsere eigene Befindlichkeit und die anderer Menschen auswirkt, ist es wichtig, diese Beziehungen zu klären, um ein gegenseitiges Verstehen zu ermöglichen. Der Philosoph Reinhard Sprenger meint, gegenseitiges Verstehen hänge von der Qualität der Beziehung ab. Um zu verstehen, sollten wir erst einmal die Unterschiede zwischen den individuellen Wirklichkeitskonstruktionen anerkennen. Sprenger schreibt weiter: »Wir sind unser eigener Resonanzkörper. Nur das, was wir geben, erhalten wir zurück.« Diese Erkenntnis ist richtig und erinnert an die Maxime: »Geteiltes Leid ist halbes Leid, geteilte Freude ist doppelte Freude.«

 Ob Sie von anderen gemocht werden, hängt weitgehend von Ihrem Verhalten ab. Wenn Sie freundlich zu anderen Menschen sind, können Sie erwarten, dass diese auch freundlich zu Ihnen sind. Wenn jemand unfreundlich ist, sagen Sie ihm das auch. Nur dann können Sie erwarten, dass derjenige sein Verhalten ändert.

An der Gestaltung von Beziehungen zu anderen Menschen bin ich also maßgeblich beteiligt. Der Philosoph Reinhard Sprenger meint, die Initiative des Einzelnen und sein verantwortliches Handeln sei die Bedingung der Möglichkeit von Selbstverantwortung. Das heißt, ich kann wählen! Auf diese Weise gestalte ich die Beziehungen mit. Das ist eine Daueraufgabe, da zwischenmenschliche Beziehungen für unser emotionales Wohlbefinden und damit für unser Leben unerlässlich sind. Menschen, mit denen wir uns verstehen, brauchen wir ein Leben lang. Das drückt der Psychiater Manfred Spitzer so aus: »Woran gewöhnt sich unser positives Emotionssystem nicht? Kontakt mit netten Menschen! Da können Sie gar nicht genug davon kriegen!«

 Freundschaften beruhen auf Sympathie und Zuneigung. Investieren Sie Zeit und Energie in Ihre Freundschaften. Freundschaften sind lebenswichtig und tragen zu Ihrem emotionalen Reichtum bei.

Beziehung und Selbstmanagement

Zwischenmenschliche Beziehungen sind von Anfang an Teil des Lebens und spielen über die gesamte Lebenszeit eines Menschen eine entscheidende Rolle. Zu Beginn leben wir sogar innerhalb eines anderen Menschen! Beziehungen sind also von Anfang an maßgeblich für die Persönlichkeitsentwicklung und beeinflussen die Art und Weise, wie wir mit anderen Menschen kommunizieren. Letztendlich ermöglichen zwischenmenschliche Beziehungen überhaupt unser emotionales und körperliches Überleben. Wir benötigen positive Beziehungen genauso, wie wir essen, trinken und atmen müssen.

Wir befinden uns alle in einem komplexen Netz verschiedener zwischenmenschlicher Beziehungen. Diese können gut oder schlecht, angenehm oder unangenehm, mehr oder weniger eng, notwendig oder überflüssig sein – sie sind jedenfalls in großer Vielfalt vorhanden. Von Beziehungen erwarten wir in der Regel, dass sie »gut«, »normal« oder »gesund« sind, dass sie uns unterstützen und möglichst wenig beeinträchtigen. Die Art und Weise, wie wir Beziehungen gestalten, ist Ausdruck unserer Persönlichkeit.

Idealerweise sind Beziehungen tragfähig und ohne Spannungen, dabei aber auch flexibel und entwicklungsfähig. Ist dies der Fall, kann man von »guten Beziehungen« sprechen. Gute Beziehungen sind eine wichtige Voraussetzung für gutes Befinden. Sind die Beziehungen gestört, ist das Befinden beeinträchtigt. Daher ist die positive Gestaltung unserer Beziehungen ein wichtiger Aspekt des Selbstmanagements. Dennoch gibt es Menschen, zu denen wir auch mit freundlichem Entgegenkommen keine positive Beziehung entwickeln bzw. aufrechterhalten können. Von solchen Menschen sollten wir uns distanzieren bzw. trennen.

Jeder Schritt der Persönlichkeitsentwicklung erfordert gewisse »Überlebensregeln«, die das emotionale Gleichgewicht des Einzelnen sicherstellen. Die Überlebensregeln ergeben sich aus der Wechselwirkung zwischen dem sich entwickelnden Individuum und seiner Umgebung. Diese Regeln stellen Leitlinien für das Handeln des Einzelnen dar, an denen er sein Verhalten ausrichten kann. Im Lauf des Lebens bilden sich sowohl entwicklungs*fördernde* als auch entwicklungs*hemmende* Regeln heraus. Ziel effektiven Selbstmanagements ist es, Überlebensregeln zu fördern, die für die Entwicklung konstruktiv und hilfreich sind. Je nach Lebensphase erfolgt dies auf unterschiedliche Weise. Im Erwachsenenalter ist die Entwicklung der persönlichen Identität schließlich weitgehend abgeschlossen. Trotzdem findet auch in diesem Alter eine aktive Auseinandersetzung mit gesellschaftlichen Werten und Normen statt. So wird meistens ein Gleichgewicht zwischen persönlicher Identität und gesellschaftlichen Werten und Normen aufrechterhalten.

Dieses Gleichgewicht aufrechtzuerhalten und die persönliche Weiterentwicklung zu ermöglichen, ist ein wichtiges Ziel des Selbstmanagements. Im Lauf der Persönlichkeitsentwicklung verlieren herkömmliche Normen und institutionelle Konventionen als Maßstab individuellen Handelns an Bedeutung. An deren Stelle treten allgemeine ethische Maßstäbe, die das Individuum für sich übernommen hat. Nach diesen mehr oder weniger allgemeingültigen Maßstäben verläuft die persönliche Entwicklung weiter. Auf Grundlage dieser Maßstäbe werden Probleme beseitigt, Konflikte beigelegt und zwischenmenschliche Beziehungen gestaltet. In der Beziehung zu anderen Menschen stellt eine reife Person die eigene Individualität immer mehr zurück und überlässt dafür anderen mehr Freiraum für deren Individualität. So entsteht eine Flexibilität in den zwischenmenschlichen Beziehungen, die ganz neue Möglichkeiten der Beziehungsgestaltung bietet.

 Gehen Sie wertschätzend mit sich und anderen um. Versuchen Sie es zu akzeptieren, wenn nicht alle Leute Sie mögen. Entscheidend ist, dass Sie sich selbst mögen.

Die Bedeutung der Kommunikation

Zwischenmenschliche Kommunikations- und Interaktionsvorgänge sind »multimodal«, das heißt, sie haben zahlreiche Facetten und spielen sich auf mehreren Ebenen ab. Kommunikation muss nicht verbal sein, sie kann auch nonverbal erfolgen, beispielsweise durch Gestik, Mimik oder in Form einer symbolischen Handlung. Die Botschaften, die auf den verschiedenen Ebenen gesendet werden, können sich widersprechen. Dann entstehen »paradoxe« Kommunikationsmuster, die oft nur schwer aufzulösen sind. Die Steuerung sowohl unseres Denkens als auch unserer Emotionen sowie die Verarbeitung verbaler und nonverbaler Information stellen daher hohe Anforderungen an unsere Wahrnehmung und unser Denken. Da Menschen Informationen nur selektiv verarbeiten, können wir die Informationen, die wir aufnehmen, nicht immer optimal nutzen. Multimodales Reagieren auf situative Anforderungen kann die Steuerungsfähigkeit des Bewusstseins daher schnell überfordern. In Situationen komplexer Informationsverarbeitung kann der dichte Informationsüberfluss einen entsprechend großen Stressfaktor darstellen, der das Denken, Fühlen und Handeln behindert. Beispielsweise sind viele Menschen schnell überfordert, wenn sie sich in kurzer Zeit auf viele verschiedene Menschen einstellen müssen, sich empathisch in sie einfühlen und ihren unterschiedlichen Wünschen gerecht werden wollen. Darüber hinaus spielen emotionale Faktoren – neben rationalen Faktoren – sowie deren unbewusstes Zusammenspiel bei der Kommunikation immer eine wichtige Rolle.

 Stellen Sie sicher, dass derjenige, dem Sie etwas Wichtiges mitteilen möchten, Ihnen aufmerksam zuhört. Stellen Sie Blickkontakt her. Teilen Sie sich klar und unmissverständlich mit. Ihre Worte und Ihre Gesten sollten die gleiche Botschaft vermitteln. Versuchen Sie, dabei möglichst authentisch zu bleiben.

Bei der Kommunikation sind immer mindestens vier Ebenen der Mitteilung involviert. Als Erstes besteht die Sachebene, auf der eine Sachinformation transportiert wird (z. B. sagt die Beifahrerin eines Autos zum Fahrer: »Die Ampel ist grün!«). Als Zweites besteht die Ebene der Selbstauskunft. Auf dieser Ebene sagt derjenige, der eine Sachinformation mitteilt, zugleich etwas über sich selbst aus (z. B. kann die Beifahrerin mit ihrer Aussage, die Ampel sei grün, auch etwas über ihre Ungeduld mitteilen). Als dritte Ebene besteht die Beziehungsebene, die besonders konfliktträchtig ist (z. B. kann die Beifahrerin mit ihrer Aussage andeuten, dass sie den Fahrer für einen Idioten hält). Als vierte Ebene besteht die Appellebene. Auf dieser Ebene werden Aufforderungen zum Handeln kommuniziert (z. B. kann die Aussage der Beifahrerin »Die Ampel ist grün!« als Aufforderung zum Weiterfahren verstanden werden). Daran sehen wir, wie eng Sachaussagen mit emotional getönten Aussagen verwoben sind. Das erklärt auch, warum Sachaussagen so oft missverstanden werden: Missverständnisse entstehen durch die Vermischung der verschiedenen Mitteilungsebenen.

Rationale und emotionale Vorgänge laufen immer simultan ab und hängen untrennbar zusammen. Emotionen beeinflussen die Art und Weise, wie wir denken. So können sich Emotionen unmittelbar auf unsere Entscheidungen auswirken, ohne dass uns dies bewusst ist. In der zwischenmenschlichen Kommunikation nehmen wir laufend Information auf, verarbeiten sie und bewerten deren emotionale Konnotation. Wenn wir an die Grenzen unserer Möglichkeit kommen, weitere Informationen zu verarbeiten, kommt auch unsere Selbstmanagementfähigkeit an ihre Grenzen. Der resultierende Stress führt zu Realitätsverlust, Fehleinschätzungen sowie Fehlentscheidungen. Dadurch wird unsere Kommunikationsfähigkeit mehr oder weniger stark beeinträchtigt.

 Drücken Sie sich klar aus, ohne vorwurfsvoll oder destruktiv zu sein. Versuchen Sie, Konkurrenzsituationen aufzulösen. Das verbessert die Qualität der zwischenmenschlichen Kommunikation erheblich.

Kommunikation hat viele Aspekte. Im Kontext des Selbstmanagements sind folgende Fragen besonders wichtig: Was wird kommuniziert? Wie viel wird kommuniziert? An wen wird kommuniziert? Auf welche Weise wird kommuniziert? Welche Rolle spielen Nähe, Vertrauen, Sympathie? Was ist mein Anteil an der Kommunikation? Welche Annahmen mache ich über andere? Welche Gefühle teile ich überhaupt mit? Auf diese Fragen gibt es keine allgemeingültigen Antworten. Jeder muss die Antwort, die für ihn gültig ist, selbst finden.

Kommunikation und Beziehung

Einer der tiefsten Wünsche des Menschen ist es, verstanden zu werden. Daher stellen die vielfältigen zwischenmenschlichen Kommunikations- und Interaktionsmöglichkeiten das Fundament unserer Beziehungen dar. Darüber hinaus ist zwischenmenschliche Kommunikation der Dreh- und Angelpunkt des Selbstmanagements. Wir gestalten unsere zwischenmenschlichen Beziehungen, indem wir uns über unsere Werte und Ziele austauschen und auf diese Weise mit anderen Menschen abstimmen. Dieser Abstimmungsprozess läuft über einen gewissen Zeitraum ab und hat immer Entwicklungspotenzial, sowohl in positiver als auch negativer Hinsicht. Deshalb sprechen wir auch von einem »Beziehungsprozess«. Dieser Prozess (oder Vorgang) bedeutet einen ständigen Austausch von Information zwischen Menschen über ihr Denken und Fühlen und birgt daher stets ein Veränderungspotenzial.

Hören Sie gut zu, wenn Ihnen jemand etwas mitteilen möchte. Unterbrechen Sie Ihren Gesprächspartner nicht. Nur dann können Sie erwarten, dass Sie auch nicht unterbrochen werden.

Menschen, zwischen denen sich ein tragfähiges Netz zwischenmenschlicher Beziehungen entwickelt hat, haben oft sehr ähnliche Wertmaßstäbe und Zielvorstellungen. Entsprechend gut funktioniert meist auch die Kommunikation. Trotzdem gibt es in unseren Beziehungen viele Gelegenheiten für Missverständnisse, aus denen schwere Konflikte hervorgehen können. Daher ist eine klare Vorstellung davon, wie zwischenmenschliche Kommunikation funktioniert und welche Störungen dabei auftreten können, wichtig für positive Beziehungen.

Fragen Sie nach, wenn Sie meinen, etwas nicht richtig verstanden zu haben. Das dient der Klärung und beugt Missverständnissen vor. Bringen Sie Ihren Unmut zur Sprache, wenn Sie unzufrieden sind. Nur so lassen sich gute Kompromisse finden.

Die positive Gestaltung unserer Beziehungen setzt Offenheit für die verschiedenen Emotionen voraus, die in der Kommunikation und Interaktion zwischen Menschen eine Rolle spielen. Das bedeutet, dass wir unsere eigenen Gefühle wahrnehmen sollten und zugleich sensibel für die Gefühle der anderen sind. Außerdem setzen positive Beziehungen die Regulierung von Nähe und Distanz voraus. Die Veränderung von Nähe und Distanz erfordert von allen Beteiligten eine gewisse Belastbarkeit. Beispielsweise müssen Personen, die in einen Konflikt verwickelt sind, mit den unangenehmen Emotionen fertig werden, die durch Interesselosigkeit oder Ablehnung durch den anderen entstanden sind.

 Zur Beilegung eines Streits oder eines Konflikts sollten Sie versuchen, Worten auch Taten folgen zu lassen. Machen Sie keine leeren Versprechungen. Entschuldigungen sollten Sie durch konkretes Tun unterstreichen.

Effektives Selbstmanagement kann erhebliche Auswirkungen auf unsere Beziehungen haben. Je mehr Augenmerk jemand auf seine Persönlichkeitsentwicklung legt, desto intensiver können auch seine Beziehungen zu anderen Menschen werden. Dieser scheinbar paradoxe Zusammenhang kann durch unbewusste Vorgänge und gruppendynamische Prozesse erklärt werden. Jemand, der sich um effektives Selbstmanagement bemüht, ist in seinen Beziehungen unverkrampfter und kann mit größerer Leichtigkeit kommunizieren. Möglicherweise kann er auch die negativen Konsequenzen vorhandener Konflikte eingrenzen. So hat er bessere Aussichten, ein tragfähiges Netz zwischenmenschlicher Beziehungen aufzubauen und seine Ziele leichter und schneller zu erreichen.

Beziehungen aufrechterhalten

Was ist zur gelungenen Aufnahme und Aufrechterhaltung zwischenmenschlicher Beziehungen nötig? Positive Beziehungen haben einige Grundvoraussetzungen. Dazu zählen mehrere kommunikative Faktoren, die der amerikanische Psychotherapeut Carl Rogers identifiziert hat. Diese Faktoren sind für die Interaktion zwischen Menschen wichtig und fördern tragfähige Beziehungen:

- bedingungslose *Akzeptanz*, das heißt eine positive Wertschätzung der anderen Person;
- einfühlendes *Verstehen*, das heißt ein empathischer Umgang mit der anderen Person;
- *Echtheit*, das heißt Offenheit für die andere Person und Ehrlichkeit in der Reaktion auf sie.

Während bedingungsfreie Akzeptanz und einfühlendes Verstehen in Beziehungen häufig nur die wertfreie Rücksichtnahme auf die Lage des anderen erfordern, stellt Echtheit sehr viel höhere Anforderungen an die Beteiligten. Echtheit erfordert hohes persönliches Engagement. Darüber hinaus setzt Echtheit auch eine weitgehende Beziehungsklärung voraus, da Echtheit auch auf eine Konfrontation (im positiven wie im negativen Sinn) hinauslaufen kann. Echtheit erfordert immer auch Ehrlichkeit gegenüber sich selbst. Wer sich über seine eigene Haltung nicht im Klaren ist, kann auch keine Echtheit zeigen. Er richtet sich vielmehr nach den Wünschen und Erwartungen, die aus dem sozialen Umfeld (d. h. von außen) an ihn herangetragen werden.

 Lassen Sie in schwierigen Situationen mehr Humor zu. Mit Humor lassen sich scheinbar unüberwindbare Blockaden auflösen. Humor ermöglicht oft eine positive Sicht der Dinge und macht es leichter, einen anderen Standpunkt einzunehmen.

Unsere Wahrnehmung von Beziehungen hängt in hohem Maße von bestimmten Mustern oder »Schemata« ab. Diese Schemata entstehen im Lauf unseres Lebens aufgrund der Erfahrungen, die wir gemacht haben. Durch Begegnung und Interaktion mit anderen Menschen werden diese Schemata aktiviert. So nehmen wir einen anderen Menschen im Kontext des Beziehungsschemas wahr, das durch diesen Menschen aktiviert wird. Beziehungsschemata können positiv oder negativ sein. Entsprechend nehmen wir unser Gegenüber wahr. Die jeweils erschlossenen Schemata bestimmen zunächst das emotionale Klima, in dem sich eine Interaktion zwischen Menschen abspielt. Wer seine eigenen Beziehungsmuster kennt, ist seinen Schemata weniger hilflos ausgeliefert als jemand, der seine Schemata nicht reflektieren kann. So ist eine wirklich offene Begegnung mit anderen viel eher möglich.

 Versuchen Sie, gut mit sich selbst im Kontakt zu sein. Nehmen Sie sich aufmerksam wahr und machen Sie sich Ihre Bedürfnisse klar. Teilen Sie Ihre Bedürfnisse anderen Menschen mit.

Zwischenmenschlicher Austausch

Obwohl alle Menschen zur gleichen Gattung gehören und wir auf diese Weise miteinander »verwandt« sind, kommunizieren und interagieren wir auf unterschiedliche Art. Während Tiere genetisch weitgehend festgelegte Kommunikations- und Interaktionsformen haben, sind wir als Menschen mit unzuverlässigen Instinkten ausgestattet. So stehen uns einerseits nur wenige angeborene und unzweideutige Kommunikations- und Interaktionsformen zur Verfügung. Andererseits räumt uns dieser Umstand große Freiheiten in unseren Kommunikations- und Interaktionsformen ein. So können wir unsere Beziehungen auf vielfältige Weise gestalten.

Beziehungen funktionieren oft dann am besten, wenn Menschen sich in ihren Wertvorstellungen und Zielen weitgehend einig sind. Wenn ähnliche Interessen verfolgt werden, fällt es allen Beteiligen leichter, »an einem Strang zu ziehen«. So leben zwischenmenschliche Beziehungen in erster Linie von Gemeinsamkeiten. Aber auch Konflikte können Beziehungen weiterbringen, insbesondere wenn es gelingt, Konflikte nicht destruktiv auszutragen, sondern als Grundlage für eine konstruktive Lösung zu nutzen. Probleme gehen jedenfalls *nicht* dadurch weg, dass wir *nicht* über sie sprechen!

 Seien Sie in Ihrer Kommunikation ehrlich und direkt. Sagen Sie, was Sie meinen, und meinen Sie, was Sie sagen. Reden Sie nicht um den heißen Brei herum und kommen Sie rasch auf den Punkt.

Die meisten Menschen sind sehr empfindlich, wenn es um ihr Selbstwertgefühl geht. Die Auswirkung von Kränkungen auf unsere Beziehungen ist daher oft sehr groß. Wenn zum Beispiel ein Gespräch bei einem der Gesprächspartner einen »wunden Punkt« berührt, unterscheiden sich auf einmal die Interessenlagen der beteiligten Personen: Der eine Gesprächspartner möchte sich weiterhin über das bisherige Thema austauschen, während der andere genau dies vermeiden will. Ein solcher Interessenkonflikt kann die Gesprächsatmosphäre sehr verändern. Wenn Kränkung, Ärger oder Misstrauen Einzug erhalten, kann die Beziehung auf einmal ihren harmonischen Charakter verlieren. Die Wahrnehmung der Gesprächspartner richtet sich dann auf trennende Unterschiede statt auf verbindende Gemeinsamkeiten. So kann aus Nähe plötzlich Distanz entstehen.

 Vermeiden Sie in der Kommunikation und Interaktion mit anderen Menschen Extreme. Helfen Sie Ihrem Gegenüber, seine Position zu modifizieren, indem Sie signalisieren, dass Sie ebenfalls dazu bereit sind, Ihre Position zu revidieren.

Nähe kann dadurch herbeigeführt werden, dass man für die Ideen, Bedürfnisse und Gefühle des anderen offen ist. Ein bloßer Informationsaustausch dient nicht gerade der Entstehung emotionaler Nähe. Auch nach einer mehr oder weniger langen Phase der Distanzierung kann Nähe wiederhergestellt werden, beispielsweise wenn gemeinsame Interessen angesprochen werden. Die Nähe, die in einem Gespräch zustande kommt, hängt meist von der (unausgesprochenen) Bereitschaft der Gesprächspartner ab, sich auf inhaltliche und emotionale Gemeinsamkeiten einzulassen. Da verschiedene Menschen ganz unterschiedliche Facetten unserer Persönlichkeit ansprechen, sind Beziehungen überwiegend durch Gemeinsamkeiten gekennzeichnet. Beispielsweise entwickelt sich zwischen Hausnachbarn meist eine völlig andere Beziehung als zwischen Arbeitskollegen oder Freunden. Es ist leichter, Nähe herzustellen, wenn die beteiligten Personen sich über ihre eigene Persönlichkeit, ihren Lebensstil und ihre Bedürfnisse im Klaren sind. Wichtig ist auch, dass sie die Menschen in ihrem Umfeld wahrnehmen und merken, in wessen Gesellschaft sie sich wohl bzw. unwohl fühlen. Darüber hinaus sind die Erwartungen wichtig, die man an sich und andere stellt. Ein wichtiger Indikator für den Wert einer Begegnung ist das Gefühl, dass die Begegnung einem gut tut. Wenn man gut gelaunt ist und seine eigene Kraft und Energie spürt, hat man auch eine positive Wirkung auf andere. Dieser Effekt fördert die emotionale Nähe zwischen Menschen, was wiederum eine gute Grundlage für positive Beziehungen ist.

 Partnerschaften gründen sich auf Gemeinsamkeiten und Teamarbeit, nicht auf Konkurrenz. Bemühen Sie sich in der Partnerschaft um konstruktive Kommunikation und Interaktion. Zeigen Sie Ihrem Partner deutlich Ihre Wertschätzung.

Wenn aber eine zwischenmenschliche Beziehung uns anstrengt, unsere individuellen Spielräume einengt, unsere Stimmung beeinträchtigt oder ein Gefühl der Leere hervorruft, ist dies oft ein Hinweis darauf, dass der Beziehung die positiven Aspekte fehlen. In solch einer Atmosphäre können sich keine positiven Beziehungen entwickeln. Solche Beziehungen haben negative Auswirkungen auf alle Beteiligten und schränken mehr Möglichkeiten ein, als sie eröffnen.

 Zeigen Sie anderen Menschen Ihre Zuneigung. Machen Sie Ihre Wertschätzung deutlich. Das trägt zu einer positiven Kommunikation bei und verbessert die Qualität der Beziehung.

Abhängigkeit und Unterstützung

Unsere Bedürfnisse und unsere Lebensumstände beeinflussen die Art und Weise, wie wir zwischenmenschliche Beziehungen gestalten. Die zwischenmenschlichen Beziehungen, die uns wichtig sind und um deren Aufrechterhaltung wir uns bemühen, sind in der Regel ein harmonischer Teil unserer aktuellen Lebensumstände. Aber wenn wir uns einmal von anderen Menschen distanziert haben oder Beziehungen abgebrochen wurden, stellen wir häufig fest, dass die Beziehungen nicht mehr zu unseren aktuellen Bedürfnissen und Lebensumständen passen. Manchmal möchten wir uns ganz bewusst von bestimmten Verhaltensmustern lösen, um uns weiterentwickeln zu können. In solchen Phasen der Veränderung verändern sich natürlich auch unsere zwischenmenschlichen Beziehungen. So kann aus hilfreichen und stützenden Beziehungen eine Belastung werden, die unsere Entwicklung hemmt und uns abhängig macht. Manchmal können auch Trennungen hilfreich sein. Dann müssen wir die Spannung aushalten, die zwischen dem Bedürfnis nach Unterstützung und der Angst vor Abhängigkeit besteht. An die Stelle alter Beziehungen treten glücklicherweise meist neue.

 Lassen Sie sich nicht von anderen Menschen entmutigen. Versuchen Sie, positive Beziehungen zu anderen Menschen aufzubauen. Das verbessert Ihre »soziale Fitness« und stärkt Ihr Selbstbewusstsein.

Häufig werden Abhängigkeit und die Annahme von Hilfe miteinander verwechselt. Diese Unterscheidung ist jedoch wichtig, da sie weitreichende Auswirkungen auf unsere Beziehungen hat. Abhängigkeiten können in verschiedener Hinsicht bestehen. Viele Menschen sind zum Beispiel bei technischen Problemen mit ihrem Auto von Kraftfahrzeugmechanikern abhängig, bei einem Rechtsstreit von Anwälten, bei Krankheit von Ärzten, bei psychischen Problemen von Psychotherapeuten oder Psychiatern usw. Oft sind wir von unserem Partner emotional abhängig. Wenn wir von einer anderen Person abhängig sind, sind wir der hilflose Partner in der Beziehung. Eine solche Abhängigkeit lässt sich aber auch in eine unterstützende Beziehung verwandeln. Dazu sollten wir allerdings Mitverantwortung übernehmen und aktiv an der Lösung des jeweiligen Problems mitarbeiten. Wir können uns aber auch selbst helfen und jegliche Hilfe von außen entbehrlich machen. Dies kann beispielsweise dadurch geschehen, dass wir unser Auto selbst instand halten, uns um unsere juristischen Belange selbst kümmern oder selbst etwas für unsere körperliche und seelische Gesundheit tun.

 Lernen Sie, sich besser abzugrenzen. Kommen Sie nicht blind den Erwartungen anderer Menschen nach. Versuchen Sie, öfter Nein zu sagen. Entfernen Sie sich aus destruktiven Auseinandersetzungen.

Zeichen der Beeinträchtigung von Beziehungen

Es gibt Einstellungen und Verhaltensmuster, die geeignet sind, unsere Beziehungen zu beeinträchtigen, indem sie die Aufnahme und Aufrechterhaltung tragfähiger zwischenmenschlicher Beziehungen behindern. Gemeint sind solche Einstellungen und Verhaltensmuster, die uns daran hindern, effektiv mit unseren Mitmenschen zu kommunizieren. Es gibt eine Reihe von Hinweisen für die Beeinträchtigung unserer Beziehungen:

- die Unfähigkeit zu erkennen, welche Rolle wir in einem Geflecht zwischenmenschlicher Beziehungen spielen;
- die Unfähigkeit, zwischen einer Person und ihrer Rolle zu unterscheiden;
- übertriebene Identifikation mit einer bestimmten Rolle;
- die Unfähigkeit, Projektionen wahrzunehmen und deren Bedeutung zu erkennen;
- übermäßige persönliche oder emotionale Abhängigkeit von anderen und die damit zusammenhängende Angst vor Liebesverlust;
- ein allgemeines und undifferenziertes Bedürfnis nach Hilfe und Unterstützung;
- die Unfähigkeit, wirksam zu kommunizieren;
- die Unfähigkeit, eine angemessene Nähe bzw. Distanz herzustellen;
- die Unfähigkeit, situationsgerecht zwischen sozialer Beteiligung und Zurückhaltung zu wechseln;
- die Unfähigkeit, zeitgerecht und effektiv zu handeln.

Eine Beeinträchtigung unserer Beziehungen kann entstehen, wenn jemand zwischen seiner *Rolle* und seinem eigentlichen *Selbst* nicht mehr unterscheiden kann oder sich übermäßig mit seiner Rolle identifiziert. Natürlich kann es sehr wichtig sein, für die Erledigung einer bestimmten Aufgabe eine Rolle zu übernehmen. Aber dieser Umstand darf einem nicht den Blick dafür verstellen, dass übertriebene Identifikation mit einer Rolle unsere Beziehungen beeinträchtigen kann, besonders dann, wenn die Rolle einen davon abhält, sich seine wahren Bedürfnisse und Gefühle bewusst zu machen. Jeder Mensch hat immer mehrere Rollen im Leben. Beispielsweise ist ein »Chef« niemals nur der »Chef«. Er hat immer auch andere Rollen, beispielsweise die eines Ehemannes, eines Sohnes oder eines Untergebenen.

 Nehmen Sie sich vor Klatsch in Acht. Begegnen Sie abfälligen Bemerkungen über andere mit Vorsicht. Vermeiden Sie destruktive Ironie. Machen Sie sich selbst nicht lächerlich und setzen Sie andere nicht der Lächerlichkeit aus. Demütigen Sie niemanden und setzen Sie niemanden in seiner Würde herab.

Verbesserung der Kommunikation

Bei der Kommunikation kommt es darauf an, *wer was wem wann* und *wie* mitteilt. Manche Menschen reagieren erstaunt auf die Feststellung, dass ihre Mitteilung bestimmte Gefühle beim Adressaten hervorgerufen habe. Durch die Verbesserung unserer kommunikativen Fähigkeiten und durch Schärfung unserer Wahrnehmung für interaktive Prozesse können wir allerdings unseren Umgang mit anderen Menschen positiver gestalten. Jeder Mensch hat das Bedürfnis, wahrgenommen und verstanden zu werden. Daher sollten wir bei unserer Kommunikation mit anderen eine Reihe von Punkten berücksichtigen:

- *Zuhören und wahrnehmen:* Diese Fähigkeiten erlauben uns festzustellen, welche Auswirkungen unsere Kommunikation auf andere Menschen hat. Sie erlauben uns auch, mögliche Fehler in unserer Kommunikation zu korrigieren.

- *Den Kommunikationsstil anderer erkennen:* Dies ist wichtig, um Missverständnisse zu vermeiden oder unangemessene Handlungen zur falschen Zeit abzufangen.

- *Projektionen, die andere auf uns richten, verstehen:* Auf diese Weise können Missverständnisse umgangen werden. Wenn jemand zum Beispiel am Ausbau seiner Machtposition interessiert ist und dies anderen auch mitteilt, können durch Klarheit unnötige Konflikte vermieden werden.

- *Ein Gefühl für angemessene Aktions- und Reaktionsweisen entwickeln:* So kann man übermäßige oder unangebrachte Mitteilungen oder Handlungen umgehen. Dazu ist es wichtig, den eigenen Kommunikationsstil zu kennen (offen, klar, zweideutig, vermeidend usw.).

- *Andere nicht bedrängen:* Wenn man andere zur Einnahme einer Abwehrhaltung zwingt, stößt man häufig auf mehr oder weniger großen Widerstand, so dass weitere Kommunikation wenig aussichtsreich ist.

- *Rückmeldung geben:* Es ist hilfreich, ein Gespür dafür zu entwickeln, wann und auf welche Art und Weise man auf die Kommunikationsversuche anderer reagieren soll. Eine unangemessene Art der Rückmeldung ist selten erfolgreich.

Die Kommunikation in der Gruppe stellt weitere Anforderungen an den Einzelnen:

- *Interesse aufrechterhalten:* Es ist wichtig, darauf zu achten, dass die besprochenen Inhalte für die Gruppe interessant sind und nicht an ihr vorbeigehen. Sonst können sich sehr schnell Desinteresse und Langeweile breitmachen.

- *Stimmung in der Gruppe wahrnehmen:* Wer nicht auf dem Laufenden ist und den Kontakt zur Gruppe verliert, sagt möglicherweise das Falsche zur falschen Zeit. So bringt sich derjenige auf unangemessene Weise in die Gruppe ein.

- *Selektiv kommunizieren:* Unüberlegte oder impulsive Kommunikation (z. B. Redseligkeit) kann dazu führen, dass am Thema vorbeigeredet wird. Das bedeutet für alle Beteiligten unnötige Anstrengung.

- *Zwischen Einzelinteresse und Gruppeninteresse unterscheiden:* Ein Gruppenprozess kommt nur dann zustande, wenn er von allen Beteiligten gleichermaßen unterstützt wird. Bringt sich der Einzelne nur in eigener Sache ein und ignoriert die Interessen der anderen, kann er das Gruppengeschehen empfindlich stören.

- *Starke und schwache Gruppenmitglieder berücksichtigen:* So lässt sich rasch erkennen, wer sich in der Gruppe behaupten möchte und wer sich eher zurücknimmt. Übermäßige Zurückhaltung kann aus Angst, Scham, Frustration oder Überforderung resultieren.

Fehlen einer oder mehrere dieser Aspekte effektiver Kommunikation, kann es leicht zur Störung unserer Beziehungen kommen. Gestörte Beziehungen haben wiederum zur Folge, dass die Zuwendung und

Unterstützung, die in der Regel aus guten sozialen Beziehungen entstehen, ausbleiben.

 Versuchen Sie, in Ihrer Kommunikation und Interaktion mit anderen klar zu sein, ohne zu verletzen. Das erfordert gesundes Selbstvertrauen. Aber Unklarheiten ziehen oft Missverständnisse nach sich, die zur Beeinträchtigung der Beziehungen führen.

Schritte zur Verbesserung von Beziehungen

Die Verbesserung von Beziehungen erfordert die Änderung eigener Sichtweisen und Einstellungen. Modifizierte Sichtweisen und Einstellungen können uns dabei helfen, unsere Beziehungen besser wahrzunehmen und zu verstehen. Auf diese Weise können wir harmonische zwischenmenschliche Beziehungen aufbauen, aufrechterhalten und gegebenenfalls auch wiederherstellen. Folgende Ansätze können uns dabei helfen:

- *Machen Sie sich Ihre eigenen Bedürfnisse und Erwartungen in den Beziehungen zu anderen Menschen bewusst.* Achten Sie auf Verhaltensmuster, die Ihnen in der Vergangenheit die Gestaltung Ihrer sozialen Beziehungen erleichtert oder erschwert haben. Möglicherweise entdecken Sie dabei positive oder negative Vorurteile. Ein geschärftes Bewusstsein für die eigenen Vorurteile erlaubt es uns, objektiver zu denken und gerechter zu handeln. So können wir in unserem Umgang mit anderen Menschen auf deren positive statt auf deren negative Eigenschaften eingehen. Damit wir mit anderen angemessen kommunizieren können, sollten wir sowohl unsere eigenen Bedürfnisse als auch die des anderen wahrnehmen und erkennen. Auch wenn eine sehr große Vertrautheit zu manchen Menschen besteht, bleiben wir dennoch eigenständige Wesen mit eigenen Wünschen und Zielen.

- *Kümmern Sie sich um die positive Weiterentwicklung Ihrer eigenen Beziehungen.* Wenn andere Menschen uns an der Verwirklichung unserer Ziele hindern oder uns auf andere Weise aus dem emotionalen Gleichgewicht bringen, bedeutet dies eine Beeinträchtigung unserer Beziehungen. Manchmal ist der Grat zwischen wirklich tragfähigen Beziehungen und ausbeuterischer Abhängigkeit schmal. Lassen Sie sich daher von anderen nicht ausnutzen.

- *Machen Sie sich die Beeinträchtigungen bewusst, die sich negativ auf die Beziehungen auswirken.* Effektives Selbstmanagement bedeutet, dass diese Beeinträchtigungen bemerkt und beachtet werden. Machen Sie sich bewusst, auf welche Weise Sie das Wechselspiel zwischen Beteiligung am Geschehen (d. h. Nähe) und angemessener Zurückhaltung (d. h. Distanz) regulieren. Bringen Sie sich auf positive Art in Beziehungen ein, gerade wenn Sie die Beeinträchtigung einer Beziehung bemerken. Versuchen Sie, öfter zu lächeln!

- *Machen Sie sich die große Bedeutung zwischenmenschlicher Kommunikation klar.* Erkennen Sie die Notwendigkeit, jemand anderem manchmal auch sehr persönliche Ansichten und Gefühle mitzuteilen. Die Mitteilungen, die wir als Menschen miteinander austauschen, beeinflussen unser Denken und Fühlen. Um sich dieser Wechselwirkung bewusst zu werden, ist es hilfreich, nicht nur die eigenen Beziehungsmuster zu kennen, sondern auch die Beziehungsmuster anderer Menschen zu verstehen. Manch ein Fehltritt (»Fauxpas«) in unseren Beziehungen könnte vermieden werden, wenn wir ein besseres Verständnis für die Tragweite unserer Äußerungen hätten.

- *Investieren Sie Zeit in die Aufrechterhaltung von Beziehungen zu Personen, die Ihnen etwas bedeuten.* Setzen Sie auch genügend Energie in diese Beziehungen. Aufbau und Aufrechterhaltung tragfähiger Beziehungen sind ein kontinuierlicher Prozess, der Zeit in Anspruch nimmt. Je selektiver wir in der Beziehungsaufnahme sind, desto effektiver und befriedigender werden die Beziehungen sein. Damit sinkt die Wahrscheinlichkeit, dass wir unsere Kraft in fruchtlosen Auseinandersetzungen und Konflikten verbrauchen. Indem wir unsere Kraft auf bestimmte Beziehungen konzentrieren, vermeiden wir, dass andere Menschen überhöhte Beziehungserwartungen an uns stellen. Im Gegenzug sollten wir keine überhöhten Anforderungen an das Verhalten anderer Personen stellen. Wenn wir das wissen und akzeptieren, kehrt ein angemessener Realismus in unsere zwischenmenschlichen Beziehungen ein.

Planen: Die Möglichkeiten entdecken

Beim Planen geht es letztlich darum, die vorhandenen Möglichkeiten für sich zu entdecken und einen Blick in die Zukunft zu werfen. Dazu gibt es verschiedene Zugangswege (Tabelle 5): sich Zeit nehmen, träumen, nachdenken, recherchieren, andere Menschen fragen und mit ihnen diskutieren, um schließlich den Rahmen der eigenen Handlungsmöglichkeiten abzustecken.

Tabelle 5: Wie kann ich die Möglichkeiten entdecken?

sich Zeit nehmen
träumen
nachdenken
recherchieren
fragen
diskutieren
einen realistischen Rahmen abstecken
Nicht vergessen: Das Ziel ist das Ziel!

Dabei ist es wichtig, sich nicht durch Nebensächliches ablenken zu lassen: Defokussierung zieht Ineffizienz nach sich. Schnell befinden wir uns im Hamsterrad und laufen immer weiter, ohne voranzukommen. Der Schriftsteller Mark Twain brachte das treffend auf den Punkt, als er schrieb: »Nachdem wir das Ziel endgültig aus den Augen verloren hatten, verdoppelten wir unsere Anstrengungen.« Stattdessen sollten wir uns stets über Folgendes im Klaren sein: Das Ziel ist das Ziel – und nicht irgendetwas anderes!

Nehmen Sie Veränderungsprozesse selbst in die Hand. Bestimmen Sie Ihre Ziele möglichst unabhängig. Gestalten Sie den Weg dorthin so eigenständig wie möglich.

Planung und Selbstmanagement

Wir sind als Menschen sowohl von der biologischen Evolution als auch von soziokulturellen Entwicklungen geprägt. Diese Prägung hat uns mit unzähligen Möglichkeiten und Ressourcen ausgestattet. Der Mensch verfügt aber über nur wenige angeborene, feste Verhaltensmuster, die mehr oder weniger »automatisch« ablaufen, wie es bei vielen Tieren der Fall ist (etwa der Nestbau bei Vögeln). Dafür haben wir große Entscheidungsfreiräume und Handlungsmöglichkeiten. Da wir normalerweise selbst zwischen mehreren Alternativen entscheiden können, schaffen wir mit unserem Verhalten zugleich die Bedingungen für unser weiteres Verhalten. Auf diese Weise gestalten wir unser Leben weitgehend selbst. Wenn wir das bewusst tun, können wir viele Bereiche des Lebens gezielt verändern.

Der einzelne Mensch kann als offenes System verstanden werden, das äußeren Einflüssen ausgesetzt ist, das aber auch seine Umwelt aktiv beeinflussen kann. Wir können zwar von anderen lernen, gemeinsame Interessen verfolgen, neue Sichtweisen übernehmen usw., aber gleichzeitig sind wir immer auch auf uns selbst zurückgeworfen und auf bestehende Fähigkeiten angewiesen. Diese Situation erfordert die Formulierung eigener Ziele und die Entwicklung eigener Pläne im Rahmen der gegebenen Möglichkeiten. In unserem Handeln sind wir letztlich selbst verantwortlich. Zum einen müssen wir mit uns selbst zurechtkommen, zum anderen müssen wir lernen, uns mit anderen Menschen zu arrangieren. Die Art und Weise, wie wir mit uns selbst und anderen umgehen, wirkt sich direkt auf unsere Planung aus.

 Führen Sie sich Ihre Werte und Ziele vor Augen. Machen Sie sich Ihre Prioritäten klar. Was wollen Sie im Leben wirklich erreichen? Und was haben Sie davon, wenn Sie dieses Ziel erreicht haben? Seien Sie ehrlich mit sich selbst!

Viele Menschen haben das Gefühl, dass sie wenig Entscheidungs- und Handlungsfreiheit haben. Manche geben mit der Zeit den Anspruch auf, Entscheidendes beitragen zu wollen. Andere Menschen gehen mit übertriebenem Eifer an ihre Aufgaben heran und werden ihren Mitmenschen zur Belastung. In beiden Fällen sind die Denkschemata, die dem Handeln zugrunde liegen, recht undifferenziert und einseitig. Das deutet auf eine verarmte Sicht auf die Realität hin, bei der diese Menschen nicht in der Lage sind, ihre Handlungsmöglichkeiten in vollem Umfang zu nutzen. Sie sind in ihren Entscheidungen nicht frei und ihr Handeln ist nicht das Ergebnis bewusster Planungsvorgänge. Diese Menschen bevorzugen es meist, ihre Umwelt als arm an Optionen wahrzunehmen. So kommen sie auch nicht in die Versuchung, eine ausgefallene oder riskante Möglichkeit zu wählen. Auf diese Weise vermeiden sie zwanghaft die Wiederholung vermeintlicher Fehler, aber dadurch schränken sie zugleich ihren Handlungsspielraum ein. Hier wird das Spannungsfeld deutlich, das zwischen Sicherheitsbedürfnis und Risikobereitschaft besteht. Die Einengung der eigenen Handlungsmöglichkeiten ist der Preis für den Verzicht auf Erweiterung der Handlungsspielräume. Bei der Planung zukünftiger Handlungen sollten beide Aspekte bedacht werden, damit alle möglichen Zukunftsszenarien berücksichtigt werden können.

Bürden Sie sich keine Verpflichtungen auf, die eigentlich die Aufgabe anderer sind. Lernen Sie, sich besser abzugrenzen und öfter als bisher Nein zu sagen. Die Konsequenzen werden viel weniger schlimm sein, als Sie vielleicht befürchten.

Was ist Planung?

Für manche bedeutet Planung, den Zufall durch den Irrtum zu ersetzen. Unter Planung wollen wir aber die bewusste und rationale Vorbereitung von Handlungen verstehen. Damit geht Planung dem Handeln voraus. Planen erfordert die gedankliche Vorwegnahme zukünftigen Handelns. Planen *tut* man nicht, sondern man überlegt, was man tun *könnte*. Verantwortliches Planen geht verantwortlichem Handeln voraus. Der Philosoph Reinhard Sprenger betont dabei die Autonomie des Einzelnen: »Eigenverantwortung gibt es nur bei radikaler Subjektivität.« Das heißt, *ich* plane – und nicht irgendeiner sonst!

Planung regt uns dazu an, in die Zukunft zu schauen. Planung erfordert immer den Blick nach vorn und hilft uns, unser Handeln an der Zukunft auszurichten. Da Planung immer zukunftsbezogen ist, müssen wir über Information verfügen, die uns dabei hilft, die Zukunft vorwegzunehmen. Dass Annahmen über noch nicht eingetretene Ereignisse problematisch sind, liegt in der Natur der Sache. Prognosen sind bekanntlich schwierig, insbesondere wenn sie die Zukunft betreffen! Information, die eine Voraussage zukünftiger Ereignisse erlaubt, muss erst einmal beschafft bzw. »angeeignet« werden. Dann gilt es, mögliche Informationslücken zu berücksichtigen, denn Information kann vollständig oder unvollständig sein. Letzteres ist natürlich viel häufiger der Fall, so dass wir oft gezwungen sind, aufgrund unvollständiger Informationen zu planen.

Zukunftserwartungen können *sicher* oder *unsicher* sein. Planung hängt immer von der Information ab, die Auskunft darüber gibt, wie wahrscheinlich bzw. unwahrscheinlich eine bestimmte Zukunftserwartung ist. Je nachdem, wie groß unsere Unsicherheitstoleranz ist, müssen wir mehr Information beschaffen (Aneignung!) oder wir müssen uns – auch ohne hinreichende Informationsgrundlage – für bzw. gegen eine Möglichkeit entscheiden. Daher erfordert Planung oft Improvisation.

 Reiten Sie nicht auf Ihren Misserfolgen herum. Versuchen Sie, in jedem Fehler die Chance für eine neue Lernerfahrung zu sehen. Denken Sie an frühere Erfolge und schöpfen Sie neuen Mut. Blicken Sie nach vorn und stellen Sie sich neuen Herausforderungen.

Wir treffen unsere Entscheidungen nicht nur aufgrund rationaler Überlegungen, sondern gerade auch nach unserer Stimmung bzw. emotionalen Verfassung. Da wir oft »aus dem Bauch heraus« entscheiden (Intuition!), können Planung und Entscheidung nicht gleichgesetzt werden. In unserer Planung richten wir uns nach unserer Erwartung an die Zukunft (»Risikoerwartung«). Nach Abwägung verschiedener Zukunftsszenarien entscheiden wir uns für eine von mehreren Planungsoptionen.

 Es ist wichtig, dass Ihre Arbeit auch Ihnen persönlich etwas bedeutet. Die Inhalte Ihrer Arbeit sollten daher wenigstens zum Teil mit Ihren privaten Interessen übereinstimmen. Sorgen Sie dafür, dass es nicht zur völligen Entfremdung zwischen Ihnen und Ihrer Arbeit kommt.

Bedingungen der Planung

Planung hängt von einer Vielzahl von Bedingungen ab und kann daher nicht einfach als schematische Anwendung bestimmter Regeln betrachtet werden. Planungsprozesse haben spezifische Eigenschaften, die wir uns näher ansehen sollten.

- *Objektive Planungsbedingungen:* Planung hängt immer auch von objektiv gegebenen inneren und äußeren Bedingungen ab (z. B. begrenzte Verfügbarkeit von Ressourcen, Qualifikation oder Kompetenz einzelner Personen).

- *Subjektive Planungsbedingungen:* Subjektive Bedingungen spielen bei der Planung auch eine wichtige Rolle (z. B. persönliche Eigenschaften der beteiligten Personen, deren Vorlieben und Emotionen).

»Objektive« und »subjektive« Planungsbedingungen beeinflussen sich wechselseitig. Sie können sich einerseits unterstützen, sie können sich andererseits aber auch behindern. So stellen Sachlichkeit und Effizienz sowie Flexibilität und Kreativität unterschiedliche Dimensionen desselben Planungsvorgangs dar.

Bei der Planung nehmen wir Handlungsabläufe gedanklich vorweg. Wir malen uns in Gedanken einen Entscheidungsbaum aller vorstellbaren Handlungsalternativen aus. An jedem Punkt der Handlungskette, an dem eine Entscheidung fällt, verzweigen sich die Äste und bilden einen Entscheidungsbaum. Während manche Planungsprozesse sich verzweigen, enden manche in einer Sackgasse, und wieder andere kehren an ihren Ausgangspunkt zurück. Planungsprozesse können Kreise bilden. Das ist beispielsweise der Fall, wenn wir uns nach einem Misserfolg entscheiden, einen erneuten Versuch zu starten.

Planung ist oft ein sehr komplexer Prozess. Daher kommt unsere Planung durch die Vielfalt der denkbaren Möglichkeiten und verlockenden Optionen manchmal zum Erliegen. Da bei der Planung nicht *alle* denkbaren Möglichkeiten erwogen werden können, ist sie letztendlich immer unvollkommen. Dann kommt Planung an ihre Grenzen. Das sollte uns aber nicht entmutigen, denn Grenzen gehören zu den Bedingungen der Planung.

 Benennen Sie Probleme so genau wie möglich. Lassen Sie sich möglichst viele Lösungsmöglichkeiten einfallen und bedenken Sie Vor- und Nachteile jeder Möglichkeit. Wählen Sie die beste Lösung und probieren Sie sie aus. Beurteilen Sie den Nutzen einer Lösung an ihrem Erfolg.

Planung in Systemen

Selbstmanagement kann als Problemlösen in einem komplexen System verstanden werden. Aber was genau ist ein System? Ein »System« ist ein Geflecht miteinander verknüpfter Einflussfaktoren (Variablen). Diese Einflussfaktoren sind miteinander verbunden und beeinflussen sich gegenseitig. In diesem Kontext erfolgt Planung. Zu den Einflussfaktoren gehören »innere« und »äußere« Variablen. Unsere innere (subjektive) Wirklichkeit steht in ständiger Wechselwirkung mit der äußeren (objektiven) Wirklichkeit. Daher kann der Einzelne nicht unabhängig von seiner spezifischen Umgebung verstanden werden. So ist der Einzelne selbst ein System und zugleich Teil eines größeren Systems. Eine solche Sichtweise kann uns dabei helfen, die Realität zu strukturieren und begreiflich zu machen. Daher ist eine systemische Sichtweise auch bei der individuellen Planung oft sehr nützlich.

Strategische und operative Planung

Bei der Planung kann man zwischen »strategischer« und »operativer« Planung unterscheiden. Bei der strategischen Planung geht es darum, langfristige Entwicklungen vorwegzunehmen und zu beeinflussen, während es bei der operativen Planung darum geht, kurzfristige Abläufe aufeinander abzustimmen und in Einklang mit strategischen Planungszielen zu bringen.

Vor Beginn der Planung sollten wir einen Sachverhalt zunächst beobachten, damit wir uns ein Bild davon machen können, worum es geht (Aneignung). Das Ergebnis unserer Beobachtung lässt uns abschätzen, wie sich der Sachverhalt weiterentwickeln könnte. Dabei sollte auch unser Verhältnis zu den Menschen, die bei einem Vorgang involviert sind, berücksichtigt werden (Beziehung). Die möglichen Zukunftsszenarien legen uns schließlich nahe, welche von mehreren Handlungsmöglichkeiten (Entscheidung) in unserem Sinne zielführend ist (Handlung).

Alle diese Vorgänge werden entscheidend von unserer subjektiven Befindlichkeit beeinflusst. Häufig macht erst die emotionale Komponente aus einer Herausforderung ein Problem. Da aber die Fähigkeit, Probleme zu lösen, unter emotionaler Belastung stark beeinträchtigt ist, ist verständlich, warum emotional belastende Situationen oft zu Fehlplanungen oder Fehlentscheidungen führen. »Interaktive« oder »dynamische« Prozesse sind bei der Planung genauso wichtig wie »organisatorische« oder »logistische«. Denn Planung ist nicht nur ein sachlicher, kognitiver Vorgang, sondern immer auch ein kommunikativer und sozialer Prozess.

Planung als operatives Problemlösen

Trotz aller Unsicherheit, die Planung mit sich bringt, können wir bei der Problemlösung auf Planung nicht verzichten. Planung ist die bewusste und rationale Vorbereitung von Handlungen. Dabei sind die Auseinandersetzung mit der gegenwärtigen Situation, das Stecken künftiger Ziele und die Identifizierung möglicher Wege dorthin unverzichtbare Zwischenschritte. Planung lässt sich als *bewusstes Problemlösen* definieren, bei dem subjektive Überlegungen und irrationale Einflüsse zunächst vernachlässigt werden. Demnach ist

Planung ein rationaler Problemlösungsprozess, der mittels *operativer Planung* zum Erfolg führt.

Das Lösen eines Problems besteht aus einer Abfolge von drei Schritten:

- Erkennen der *Problemstruktur*, das heißt Begreifen der jetzigen Situation;
- Bestimmen der *Zielstruktur*, das heißt Beschreiben des erstrebenswerten Zustands;
- Planung der *Intervention*, das heißt Abwägen möglicher Handlungsschritte.

Dieser Prozess beginnt also mit der Zustands- oder Problembeschreibung, gefolgt von der Zielbestimmung. Schließlich werden Handlungsoptionen erwogen, so dass eine zielführende Planung erfolgen kann. Damit ist Planung immer auch ein Lernprozess.

Bei der Planung sollten wir uns immer wieder zwei Fragen stellen:

- Haben wir genug Information, um eine sinnvolle Zustandsanalyse durchzuführen, oder benötigen wir mehr Information?
- Möchten wir ein bestimmtes Ziel verfolgen oder halten wir das Ziel für nicht erstrebenswert?

Unzureichende Information und unklare Ziele machen Entscheidungen unmöglich. Dann besteht auch kein Grund zum Handeln und Planung wird hinfällig. Für die operative Planung und zielgerichtetes Handeln bedarf es der »operativen Intelligenz«. Operative Intelligenz ist alles, was wir *wissen* und *können*. Die Entwicklung operativer Intelligenz ist ein Lernprozess, bei dem neue Informationen unsere Denk- und Handlungsmuster modifizieren und ergänzen. So können wir unser Wissen und Können erweitern und unsere Chancen besser nutzen. Der Philosoph Peter Sloterdijk spricht davon, dass Intelligenz die »Navigationsfähigkeit in einem Chancenraum« sei. Unsere operative Intelligenz können wir durch die Erfahrung mit komplexen Situationen verfeinern, und unsere Fähigkeit zur operativen Planung können wir durch die Bewältigung konkreter Probleme schärfen.

Planung als »heuristischer« Prozess

Ein »heuristischer« Prozess ist ein »Findeverfahren«, bei dem es darum geht, Zusammenhänge erst einmal anzunehmen und dann erst eine Erklärung für die Zusammenhänge zu suchen und auch zu finden. Da Planungsvorgänge selten geradlinig ablaufen, müssen wir meist mehrere verschiedene Aspekte eines Vorgangs berücksichtigen (d. h. »integrieren«), um angemessen planen zu können.

Als eine heuristische Planungstechnik kann *Versuch und Irrtum* bei der Planung hilfreich sein. Wenn wir zum Beispiel erkennen, dass wir ein Ziel nicht auf vorhergesehene Weise erreichen können, sollten wir einen Schritt zurückgehen und – im Sinne einer Feedbackschleife – die Planung wieder aufnehmen. Dann durchlaufen wir erneut die Planungsphase und modifizieren dabei den Plan.

Die *Rückwärtsplanung* ist als heuristische Planungstechnik dann besonders sinnvoll, wenn wir ein konkretes Ziel ins Auge gefasst haben. Dann überlegen wir, welche Schritte dem erstrebten Ziel unbedingt vorausgehen müssen, damit es auch erreicht werden kann. Diese Vorgehensweise wenden wir an, wenn wir beispielsweise bei der Reiseplanung von der Ankunftszeit am Ziel ausgehen statt von der Abfahrtszeit am Start.

Ziele verfolgen: Was kann ich und was will ich?

Selbstmanagement ist eine Form der zielorientierten Aktivität und dient der interaktiven Bewältigung von Anforderungen. Vertrauen in die eigene Handlungskompetenz spielt dabei eine wichtige Rolle. Verhalten ist stets an Motiven ausgerichtet und erfordert die geistige Vorwegnahme von Veränderungsschritten. Jedes Motiv erfordert allerdings auch die Fähigkeit zur Umsetzung. Man muss wollen, man muss aber auch können! Tun setzt sowohl Wollen als auch Können voraus. Der Aspekt des Wollens hängt eng mit der inneren Motivation zusammen. Für die Motivation spielen unsere Emotionen eine entscheidende Rolle. Der Aspekt des Könnens betrifft hingegen die (äußeren) Bedingungen, die gegeben sind, bzw. die Fähigkeiten, über die wir verfügen. Sie bestimmen meist, was möglich ist und was nicht.

Unser Können und Wollen trifft immer auf äußere Bedingungen, die unsere Möglichkeiten entscheidend mitbestimmen (z. B. aktuelle Lebensumstände, die Gesundheit, zwischenmenschliche Beziehungen, die finanzielle Situation). Unsere individuellen Möglichkeiten werden durch diese Bedingungen teils erweitert, teils aber auch beschränkt. Von unseren Möglichkeiten hängen letztendlich auch unsere Ziele ab. Die Frage, ob und warum ein Ziel verfolgt wird, muss jeder für sich selbst beantworten. Möchte ich ein bestimmtes Ziel wirklich erreichen? Habe ich mir das Ziel selbst gesteckt? Bin ich motiviert, das Ziel mit der nötigen Energie zu verfolgen? Habe ich genug Selbstvertrauen? Verfüge ich über die Fähigkeiten (Ressourcen), die erforderlich sind, um das Ziel zu erreichen? Habe ich das notwendige Durchhaltevermögen? Schätze ich meine Situation überhaupt richtig ein?

 Führen Sie einen inneren Dialog mit sich selbst. Was wollen Sie wirklich? Wer wollen Sie in Zukunft sein? Wie wollen Sie in Zukunft sein? Was wollen Sie in Zukunft sein? Was wollen Sie in Zukunft machen?

Ziel-Wert-Klärung

Jeder Mensch ist auf Entfaltung und Entwicklung ausgerichtet. Jeder Mensch strebt nach Geborgenheit, Liebe, Glück, Leichtigkeit oder »Erleuchtung«. Viele Menschen stellen sich die Fragen: Wo komme ich her? Wo stehe ich? Wo will ich hin? Diese Fragen wiegen zwar schwer, aber wir meinen, dass es auf diese Art von Fragen wirklich ankommt! Letztendlich liefert die Ziel-Wert-Klärung mögliche Antworten auf eine entscheidende Frage: Wie möchte ich leben?

 Wie sähe für Sie die »Insel der Glückseligen« aus? Setzen Sie sich mit Ihren Idealvorstellungen auseinander. Korrigieren Sie Ihre Ansprüche, auch an sich selbst. Seien Sie realistisch und berücksichtigen Sie die gegebenen Bedingungen.

Im Kontext der Planung kommt es auf folgende Fragen an: Wo will ich hin? Was hindert mich daran? Woran erkenne ich, dass ich dort angekommen bin? Was ermöglicht mir das? Was vermeide ich andererseits dadurch? Und welchen Preis bin ich bereit, dafür zu zahlen? Diese Fragen führen uns direkt zu dem, was der Psychologe Frederick H. Kanfer »Ziel-Wert-Klärung« nennt, nämlich die bewusste, systematische Auseinandersetzung mit den eigenen Wertvorstellungen und Zielen sowie die Abwägung der eigenen Ziele angesichts bestehender Wertvorstellungen.

Jeder Mensch ist fast ständig mit der Verfolgung einer Vielzahl kurzfristiger und langfristiger Ziele beschäftigt. Die Ziele sind meist völlig unterschiedlich, oft widersprüchlich, und beanspruchen sowohl unser Denken als auch unser Empfinden. Beispielsweise können wir uns vornehmen, ein gutes Prüfungsergebnis zu erzielen, ein Auto zu kaufen, den Lebensgefährten zu einer Reise zu bewegen, sich politisch zu engagieren, Sport zu treiben, den Schreibtisch aufzuräumen, im Beruf erfolgreich zu sein usw. Um solche Ziele dreht sich das Denken vieler Menschen. Damit bestimmen unsere erklärten oder unerklärten Ziele ganz entscheidend, womit wir uns gedanklich beschäftigen. Wer gedanklich überwiegend in der Vergangenheit lebt, wird allerdings nur schwer Zukunftspläne schmieden können.

Ziel-Wert-Klärung dient dazu, die Aufmerksamkeit auf zielrelevante Gedankeninhalte zu lenken und der Planung neue Perspektiven zu eröffnen. Es hängt jedoch von uns und unserer Haltung ab, wie intensiv wir uns mit dieser Thematik beschäftigen. Es gibt Situationen, in denen die Ziel-Wert-Klärung für eine effektive Planung sehr hilfreich sein kann:

- *Gefühl fehlender Zielperspektive oder hohe Ambivalenz:* »Ich weiß nicht, was ich in dieser Situation überhaupt machen soll.«

- *Unsicherheit oder Ungewissheit hinsichtlich zukünftiger Ziele:* »Für welche der gegebenen Alternativen soll ich mich bloß entscheiden?«

- *Zielkonflikte:* »Einerseits möchte ich meinen Plan verfolgen, aber die andere Möglichkeit ist genauso gut – nur beides geht nicht auf einmal.«

- *Schwankende Zielvorstellung:* »Gestern wollte ich unbedingt dieses, aber heute will ich genau das Gegenteil – und ich weiß nicht, was ich morgen will.«

- *Wiederkehrendes Muster spontaner Impulse* mit weitreichenden Folgen und anschließender Reue: »Ich entscheide mich spontan, etwas Teures, aber völlig Überflüssiges zu kaufen, obwohl ich weiß, dass ich den Kauf später bereuen werde.«

- *Allgemeine Unzufriedenheit mit sich selbst:* »Meine persönliche Entwicklung ist in eine Sackgasse geraten; ich habe falsche Entscheidungen getroffen, nun lasse ich mich einfach treiben.«

Wie können wir nun einen besseren Zugang zu unseren Bedürfnissen und Zielen bekommen? Wenn wir eine ruhige, ablenkungsfreie Atmosphäre schaffen, in der wir uns entspannen können, eröffnen sich meist Freiräume für Fantasien. Wenn wir die rationale Kontrolle unserer Gedanken ausschalten, lassen wir ihnen freien Lauf, so dass wir Ideen haben, auf die wir allein durch rationales Nachdenken sehr wahrscheinlich nicht gekommen wären.

 Versuchen Sie, innere Ruhe zu finden und Stille zu genießen. Gehen Sie hinaus in die Natur. Holen Sie sich das, was Sie benötigen, um neue Energie zu schöpfen.

Es gibt eine Reihe positiver Zielvorstellungen, die den Selbstmanagementprozess fördern und zugleich Teil des Selbstmanagementvorgangs sind:

- Zeitmanagement,
- Arbeitsorganisation,
- Problemlösen und Entscheiden,
- Umgang mit unerwarteten Situationen.
- Selbstinstruktion,
- Selbstkontrolle,
- Kommunikationsfähigkeit,
- soziale Kompetenz,

- Angstbewältigung,
- Stressbewältigung,
- Entspannung,
- Genussfähigkeit.

Die Beschäftigung mit solchen positiven Zielvorstellungen bzw. Fähigkeiten erhöht die Tendenz des Einzelnen, auf solche Ziele hinzuarbeiten. Das bewusste Setzen eigener Ziele (»goal setting«) erleichtert auch das tatsächliche Erreichen dieser Ziele. So trägt die Ziel-Wert-Klärung zur Verbesserung der Motivation bei, indem die Aufmerksamkeit des Einzelnen auf positive Ziele konzentriert wird. Die Ziel-Wert-Klärung sollte aber nicht Selbstzweck werden. Wenn nämlich die Beschäftigung mit Werten und Zielen eine größere Bedeutung erhält als die Planung konkreter Handlungsschritte, hat sie ihren Zweck verfehlt: Die Landkarte darf nie wichtiger sein als das Gebiet, das sie darstellt und in das man sich begeben will!

Drei Phasen der Ziel-Wert-Klärung

Produktionsphase

Der erste Schritt besteht darin, sich über mögliche Ziele klar zu werden. Dabei sollten wir uns zunächst potenzielle Ziele vor Augen führen und daraufhin überprüfen, ob sie überhaupt für uns relevant sind. Frederick H. Kanfer hat folgende Fragen bzw. Fantasiespiele vorgeschlagen, um uns die Aufgabe zu erleichtern:

- *Die gute Fee:* Ich benenne drei Probleme, die von der guten Fee verwandelt werden sollen. Es ist wichtig, die Probleme nicht einfach als verschwunden zu fantasieren, sondern sie als positiv verändert wahrzunehmen.

- *Wenn ich einmal reich wäre:* Ich stelle mir vor, ich hätte 1000, 100.000 oder eine Million Euro und müsste das Geld innerhalb eines Monats ausgeben. Was würde ich mit diesen Beträgen machen?

- *Heute in drei Jahren:* Ich stelle mir vor, wie ich in drei Jahren leben würde, wenn sich alles nach meinen Wünschen entwickelte. Wo wäre ich dann? Wie würde ich leben? Was würde ich tun?

- *Heute in einem Jahr:* Ich stelle mir vor, ich hätte nur noch ein Jahr Zeit zu leben. Was wäre, wenn sich ansonsten alles entsprechend meiner Wünsche entwickeln würde? Wo wäre ich? Mit wem würde ich leben? Was würde ich tun?

- *Doktor Faust:* Ich stelle mir vor, dass ich mich in einer ähnlichen Situation wie Goethes Faust befinde, der seine Seele an Mephisto verkauft, um seinen größten Wunsch erfüllt zu bekommen. Welchen Wunsch würde ich mir um jeden Preis erfüllen lassen? Wofür würde ich sogar die letzten zehn Jahre meines Lebens hergeben?

- *Die Rucksacktour:* Ich begebe mich gedanklich auf eine Wanderung, bei der ich einen Rucksack mitführe. Der Rucksack enthält meine fünf größten Probleme. Die Probleme lege ich in der Fantasie am Wegesrand ab. Ich beachte, wie schwer die einzelnen Probleme sind und in welcher Reihenfolge ich sie ablege.

Indem wir uns mit diesen Fragen auseinandersetzen, entstehen mögliche Antworten in unserer Vorstellung. Diese Antworten können uns dabei helfen, uns unserer eigentlichen Werte und Ziele bewusst zu machen.

Auswertungsphase

Die Werte und Ziele, die sich aus der Produktionsphase ergeben, können wir nach ihrer Priorität unterscheiden und auswerten. Wir können sie nach ihrer Dringlichkeit oder ihrer Schwierigkeit ordnen. Wir können die Werte und Ziele systematisch hinterfragen. Kanfer schlägt vor, die Werte und Ziele in drei Gruppen zusammenzufassen:

- *Differenzierung von Werten und Zielen:* Welche Ziele sind für mich verbindlich? Welche Ziele sind nur »Lippenbekenntnisse«? Wo strebe ich unerreichbare Ziele an?

- *Bestimmung relevanter Ziele:* Welche sind meine persönlich relevanten Ziele? Was sind meine übergeordneten Ziele? Aus welchen einfachen Zielen bestehen meine komplexen Ziele? Aus welchen kurzfristigen Zielen bestehen meine langfristigen Ziele? Wie kann ich vage Zielvorstellungen konkretisieren?

- *Identifizierung von Prioritäten:* Welche Ziele hängen zusammen? Welche Ziele sind anderen über- bzw. untergeordnet? Ist eine Hierarchie von Zielen erkennbar? Welche Ziele haben eine hohe Dringlichkeit? Welche Ziele sind (abgesehen von der Dringlichkeit!) besonders wichtig?

Wir sehen, dass Werte und Ziele nie isoliert betrachtet werden können. Unsere Werte und Ziele sind immer auf vielfältige Weise miteinander verwoben. Wir können übergeordnete Werte von untergeordneten Werten unterscheiden. Oft lassen sich unsere Ziele bündeln und zu Zielkomplexen zusammenfassen. So können Wert- und Zielhierarchien entstehen, die uns bei der Klärung unserer Prioritäten helfen.

Integration in den Alltag

In jedem Fall müssen wir selbst die Verantwortung für unsere Ziele übernehmen. Wenn wir von unseren Zielen überzeugt sind, sollten wir an ihnen festhalten. Wenn wir unsere Ziele aufgeben, sollten wir uns konsequenterweise von ihnen verabschieden. Wenn wir unzufrieden mit unseren Zielen sind, sollten wir diese verändern. Die Verantwortung für unsere Ziele liegt allein bei uns: »Love it, leave it, or change it!«

 Kümmern Sie sich um Ihr eigenes Wohlbefinden. Sie sind nicht verantwortlich dafür, wie andere ihr Leben gestalten. Entscheiden Sie selbst, was für Sie gut ist und was nicht.

Strukturierte Planung

Beim Selbstmanagement geht es um Selbstwirksamkeit, das heißt um die Fähigkeit zur Selbstregulation und zu selbstverantwortlichem Handeln. Allerdings stellt die selbstverantwortliche Auswahl von Handlungsalternativen uns vor grundsätzliche Fragen (»Was soll ich tun?«). Da unser Selbstmanagementprozess im größeren Kontext unserer persönlichen Werte und gesellschaftlichen Normen stattfindet, müssen wir unsere Handlungsalternativen mit bestehenden Werten und Normen in Einklang bringen.

 Suchen Sie Erfüllung in dem, was Sie tun. Gehen Sie sinnvollen Tätigkeiten nach. Würdigen Sie die Ergebnisse Ihrer Arbeit. Verschwenden Sie Ihre Lebenszeit nicht mit Unwichtigem. Nehmen Sie sich die Freiheit, aktiv Ihr Glück zu suchen!

Planung sollte mit System ablaufen

Planung sollte als vielschichtiges und dynamisches Geschehen eine große Vielfalt unterschiedlicher Einflussfaktoren unter einen Hut bringen. Die äußeren Gegebenheiten, persönliche Zielvorstellungen, die eigenen Vorlieben, komplexe Ziele, uneindeutige Begleitumstände, Zeitdruck und emotionale Faktoren spielen eine wichtige Rolle. Damit wir uns bei der Planung nicht überfordern, sollten wir den Planungsprozess strukturieren. Dabei sollten wir sowohl unsere Motivation (»Wollen«) als auch unsere Fähigkeiten (»Können«) berücksichtigen. Unser jeweiliges Ziel und das Vorgehen, mit dem wir dieses Ziel erreichen wollen, ergeben zusammen das, was wir hier einen »Plan« nennen.

Planung lässt sich als dreistufigen Prozess veranschaulichen. Bei der *Zustandsanalyse* wird die gegebene Situation einschließlich aller Ausgangsbedingungen analysiert (Ist-Zustand). Die *Zielbestimmung* ist die zweite Stufe, bei der wir unsere Ziele definieren (Soll-Zustand) und damit einen Blick in die Zukunft wagen. Die dritte Stufe besteht in der Entwicklung möglicher Vorgehensweisen und *Vorbereitung konkreter Maßnahmen* (Intervention).

Erster Schritt: Zustandsanalyse

Bei der Zustandsanalyse geht es zunächst darum, die zielbezogenen Informationen zu konkretisieren. Die Anforderungen, vor denen wir stehen, erweisen sich bei näherer Betrachtung oft als unscharf. Frederick H. Kanfer schlägt einige konkrete Fragen vor, die als »Raster« dienen können und uns dabei helfen, alle für die Planung relevanten Bedingungen und Einflussfaktoren im Blick zu behalten.

- *Genaue Problembeschreibung:* Kenne ich die Anforderung, mit der ich konfrontiert bin, ganz genau?

- *Bedingungsanalyse:* Weiß ich, wie eine bestimmte Anforderung zustande gekommen ist und warum ich gerade jetzt mit ihr konfrontiert werde?

- *Motivationsanalyse:* Kenne ich meine eigene Motivationslage im Hinblick auf die Anforderung? Habe ich mir Gedanken über mögliche unbewusste Beweggründe gemacht?

- *Entwicklungsanalyse:* Habe ich mir Gedanken darüber gemacht, ob bestimmte Ereignisse in meinem Leben (d. h. bei der Entwicklung meiner Persönlichkeit) mit der Anforderung zusammenhängen?

- *Analyse der Selbstkontrolle:* Wie steht es um meine Fähigkeit zur Selbstkontrolle und Autonomie? Wie gut kann ich meine Gedanken und Gefühle selbst steuern?

- *Analyse sozialer Beziehungen:* Habe ich mir bewusst gemacht, auf welche Weise zwischenmenschliche Beziehungen meine Planung beeinflussen (d. h. fördern oder beeinträchtigen)?

- *Analyse des Umfelds:* Habe ich mir ein Bild davon gemacht, wie mein soziales, kulturelles und ökonomisches Umfeld mich in der Bewältigung der Anforderungen beeinflusst?

Die Beantwortung dieser Fragen kann dabei helfen, sich potenzielle Veränderungsbereiche vor Augen zu führen. Dann können wir Prioritäten festlegen und Änderungen planen. Dadurch erweitern wir unsere Perspektive und vermeiden, dass unser Blick wie durch Scheuklappen eingeschränkt ist.

Zweiter Schritt: Zielbestimmung

Bevor wir überhaupt ein Ziel anstreben können, müssen wir uns dieses Ziel erst einmal bewusst machen. Durch die Beschäftigung mit unseren Zielen bereiten wir uns auf Änderungsprozesse vor. Es ist wichtig, Ziele auf ihre Realitätsnähe und konkrete Möglichkeiten der Verwirklichung zu überprüfen. Dadurch wird die konkrete Zukunftsplanung erleichtert. Die Beantwortung einiger Fragen kann uns dabei helfen, unsere Ziele näher zu bestimmen:

- Was fehlt mir?
- Was will ich ändern?
- Welche Ziele fallen mir spontan ein?
- Was ermöglicht mir das Erreichen der Ziele?
- Woran merke ich, dass ich ein Ziel erreicht habe?

Obwohl unsere Ziele unser Verhalten maßgeblich beeinflussen, sprechen wir im Alltag kaum über die Details unserer Ziele. Wir sind es nicht gewohnt, uns ständig mit unseren Zielen zu beschäftigen. Planung erfordert aber die Auseinandersetzung mit den eigenen Zielen, da nur so sinnvolle Entscheidungen möglich sind. Die Auseinandersetzung mit Zielen zwingt uns darüber hinaus dazu, unser Handeln daraufhin zu überprüfen, ob es zielorientiert ist und mit unseren Werten harmoniert.

 Verlieren Sie Ihre Vorhaben nicht aus dem Blick. Wenn Sie klare Ziele haben, sollten Sie diese auch nachdrücklich verfolgen. Auch Misserfolge tragen zu Ihrem Erfahrungsschatz bei. Jede Niederlage birgt die Chance, dazuzulernen.

Veränderungen gehen oft mit Ängsten, Konflikten oder Frustrationen einher. Dies sollte bei der Zielbestimmung berücksichtigt werden. Manchmal fällt es uns schwer, uns für ein Ziel zu entscheiden. Dann sollten wir nach Alternativen suchen. Dabei kann es hilfreich sein, Argumente *für* und Argumente *gegen* ein Ziel aufzuschreiben. Auf einem sogenannten »Entscheidungsbogen« können wir die Alternativen auflisten und gegeneinander abwägen.

 Seien Sie realistisch. Kehren Sie echte Probleme nicht unter den Teppich. Wenn Sie kleine Probleme zu lange ignorieren, stehen Sie möglicherweise bald vor großen Problemen. Packen Sie ernste Probleme aktiv an.

Oft ist es hilfreich, Ziele bezüglich ihrer Dringlichkeit oder Wichtigkeit zu überprüfen und anschließend in eine Rangordnung zu bringen. Bei der Zielbestimmung geht es auch darum, ob genügend Ressourcen für die Umsetzung der Pläne zur Verfügung stehen. Die Beantwortung einiger Fragen kann uns dabei helfen, unsere Ziele zu konkretisieren:

- Ist das Ziel klar oder bleibt es vage?
- Ist das Ziel realistisch? Besteht die Aussicht, es zu erreichen?
- Habe ich die erforderlichen Voraussetzungen und Fähigkeiten, das Ziel zu erreichen?
- Gibt es ethische oder moralische Gesichtspunkte, die das Ziel verwerflich erscheinen lassen?
- Welche Einflussfaktoren (Umstände, Personen) fördern bzw. beeinträchtigen die Verwirklichung meines Ziels?

Gerade sehr weit gefasste oder vage Ziele entpuppen sich bei näherer Betrachtung als Komplex mehrerer übergeordneter und untergeordneter (Teil-)Ziele. Eine Differenzierung in Haupt- und Nebenziele (Prioritäten!) ist besonders dann wichtig, wenn wir mehrere Ziele anstreben, die sich aber teilweise widersprechen oder sogar ausschließen. So führt eine sorgfältige Zielanalyse möglicherweise zur Veränderung der gesamten Zielbestimmung. Manchmal sind Kompromisse zwischen miteinander nicht vereinbaren Zielen erforderlich. Das kann dazu führen, dass Ziele nur auf Umwegen erreicht werden können. Manchmal müssen Ziele sogar ganz verworfen werden.

Versuchen Sie, Ihr Leben zu entschleunigen. Suchen Sie Entspannung. Halten Sie inne und nehmen Sie sich Zeit für sich selbst. In der Ruhe liegt oft die Kraft.

Dritter Schritt: Vorbereitung konkreter Maßnahmen

Der Psychologe Dietrich Dörner meint, Planung beinhalte das »Absuchen einer Reihe von Realitätsbereichen nach Transformationsmöglichkeiten«. Aber trotz der Fülle der Möglichkeiten, die sich aus der Planung ergeben, sind nur wenige geeignet, als konkrete Maßnahmen umgesetzt zu werden. Daher müssen wir die *möglichen* Alternativen von den *realistischen* Alternativen unterscheiden. Frederick H. Kanfer hat in diesem Zusammenhang einige Handlungsanweisungen für die Planungspraxis und für die Vorbereitung konkreter Maßnahmen vorgeschlagen: Wir sollten

- bei den *Bedingungen* der Problemstellung ansetzen;
- *funktionelle Zusammenhänge* berücksichtigen;
- *Prioritäten* bei der Durchführung der Einzelmaßnahmen setzen;
- *nicht* bei unabänderlichen Tatsachen ansetzen;
- die *letztendlich* angestrebten Ziele im Blick behalten und uns nicht von Nebenzielen ablenken lassen;
- *nicht* nach unrealistischen oder unerreichbaren Zielen streben;
- auf möglichst *konkrete, positive* und *klare* Ziele hinarbeiten;
- möglichst *erfolgversprechende* Maßnahmen wählen;
- die *Relation* zwischen Aufwand und Nutzen unseres Vorgehens berücksichtigen;
- Maßnahmen wählen, für die wir das erforderliche *Wissen* und *Können* haben;
- uns in unserem Vorgehen *nicht* von anderen entmutigen lassen;
- die *Hilfsmöglichkeiten* in Anspruch nehmen, die uns zur Verfügung stehen;
- Maßnahmen wählen, die anderen Menschen am *wenigsten schaden;*
- unser Vorgehen in kleinere *Teilschritte* zerlegen;
- *nicht* versuchen, den zweiten Schritt vor dem ersten zu gehen;
- uns *positive Erfahrungen* verschaffen, damit wir den Mut haben, weitere Schritte zu tun.

Auf diese Weise kann die praktische Umsetzung konkreter Maßnahmen im Hinblick auf die gesetzten Ziele gelingen. Letztendlich kommt es auf die praktische Umsetzung an: »That's when the wheels hit the road!« Eine gute Vorbereitung der geplanten Maßnahmen macht sich daher bezahlt. Aber auch wenn die eigentliche Planung abgeschlossen ist und konkrete Maßnahmen vorbereitet werden, ist der »Zug noch nicht abgefahren«. Es ist wichtig, sich laufend darüber zu vergewissern, dass die Planung zielführend war und angemessene Maßnahmen auf den Weg gebracht werden. Letztendlich sind wir für unser Leben und damit für unsere Planung selbst verantwortlich. Der Psychologe Jens Corssen bringt die Frage der Selbstverantwortung für die eigenen Ziele auf den Punkt: »Wo ich bin, da will ich sein. Alles andere ist mir zu teuer!«

 Unterscheiden Sie nicht zwischen Arbeit und Leben. Arbeit ist ein Teil des Lebens, auch wenn sie nicht der einzige Lebensinhalt ist. Lassen Sie sich daher nicht von Ihrer Arbeit vereinnahmen. Sie sollten über Ihre Arbeit bestimmen und nicht umgekehrt!

Probleme bei der Planung

Es gibt eine Reihe *ineffektiver Planungsstrategien,* die wir erkennen sollten, damit wir sie vermeiden können:

- Ignorieren von sich abzeichnenden Problemen;
- Gleichgültigkeit gegenüber bereits vorhandenen Problemen;
- Abwehr vorhandener Probleme (z. B. Leugnung, Rationalisierung);
- Probleme vor sich herschieben, auch »Prokrastination« genannt (»Was du heut nicht kannst besorgen, das verschieb getrost auf morgen«);
- andere für die eigenen Probleme verantwortlich machen (Externalisierung);
- offenkundige Tatsachen nicht wahrhaben wollen;
- Versuch, unveränderliche Gegebenheiten zu beeinflussen;
- unrealistische Zielvorstellungen (»Utopie-Syndrom«);

- unangemessene Blockierung von Lösungen (»Alles, nur *das* nicht«).

Auch innere *Widerstände gegen Veränderungen* können unsere Planung beeinträchtigen. Hier wollen wir unter »Widerstand« Phasen der Stagnation oder das Ausbleiben von Fortschritten verstehen. Beides kann an unserer Schwierigkeit liegen, selbstformulierte Ziele zu verfolgen. Widerstände können unterschiedliche Ursachen haben:

- unsere *persönlichen Eigenschaften,* die in unserer Lebensgeschichte oder in bestimmten Vorerfahrungen begründet sind;
- unsere *aktuelle Motivationslage,* die von inneren oder äußeren Faktoren abhängen kann;
- *unsere Trägheit* oder die Tendenz, alte Gewohnheiten aus Angst vor Veränderung beizubehalten;
- *unbewusste Auswirkungen* früherer Lernerfahrung, die in uns irrationale Ängste oder »Bedenken« aufkommen lassen.

Jede Form des Widerstands kann unsere Planung durcheinanderbringen. Wenn wir aber erkennen, *dass* wir Widerstände haben, bekommen wir auch einen Zugang zu ihnen und können sie reflektieren. Dann können wir entscheiden, ob wir einen Widerstand überwinden wollen oder ihm nachgeben möchten. In beiden Fällen handelt es sich um eine autonome Willensentscheidung, die wir vor niemandem als vor uns selbst rechtfertigen müssen.

 Wenn Sie sich sagen hören, »ich muss ...« oder »ich soll ...«, dann ist Vorsicht geboten. Sagen Sie sich stattdessen »ich will ...« oder »ich könnte ...« Das hilft Ihnen, den empfundenen Druck zu verringern und die gefühlte Freiheit zu vergrößern.

Grenzen der Planbarkeit

Planung ist stets zukunftsbezogen. Sie setzt eine möglichst vollständige Informationsbasis voraus. Diese zukunftsbezogene Informationsbasis ist jedoch immer unvollkommen, da Aussagen über die Zukunft nur unter dem Aspekt der *Möglichkeit* des Eintreffens bestimmter *Erwartungen* gemacht werden können. So ist absolute Sicherheit in Bezug auf die Zukunft natürlich unmöglich. Daher müssen wir auch bei der Planung von Unsicherheiten ausgehen. Diese Unsicherheiten machen die Grenzen der Planbarkeit aus. Der Psychologe Frederick H. Kanfer weist auf eine Reihe typischer Ungewissheiten bei der Planung hin:

- schlecht definierte, unkonkrete Probleme;
- Voraussetzungen, die sich laufend ändern;
- Ziele, die sich laufend ändern und neue Entscheidungen erfordern;
- Probleme, die nur auf mehreren Ebenen zugleich gelöst werden können;
- Unklarheiten oder unvorhergesehene Ereignisse, die die Planung erschweren;
- Zeitdruck, unter dem Planung erfolgt.

Die Schwierigkeit liegt häufig darin, das Richtige zur richtigen Zeit auf die richtige Art und Weise zu tun. Es gibt zwar Regeln, nach denen wir planen können, aber diese Regeln funktionieren nicht immer in allen Situationen. Darüber hinaus unterscheiden sich Menschen in ihrer Fähigkeit, Regeln anzuwenden. Können wir also angesichts erheblicher Unklarheiten und Unschärfen überhaupt noch planen?

Häufig ist das gefragt, was Kanfer »dynamisches Problemlösen« nennt. Dabei kommt es darauf an, unsere Möglichkeiten besser zu nutzen. Kanfer hat einige Schritte vorgeschlagen, die der Vorbereitung konkreter Maßnahmen dienen:

- vorhandenes Wissen nutzen;
- aktuelle Information verarbeiten;

- die beabsichtigte Vorgehensweise durchdenken;
- eine konkrete Vorgehensweise in Betracht ziehen;
- die Entscheidung treffen, tatsächlich so vorzugehen;
- mit der gewählten Vorgehensweise beginnen.

Der Psychologe Dietrich Dörner meint, dass wir bei der Planung nicht nach einem starren Schema vorgehen, sondern alles zu gegebener Zeit und unter Beachtung der jeweiligen Umstände tun sollten:

- Manchmal sollten wir eine Situation sehr genau analysieren, aber manchmal sollten wir nur grob hinschauen. Manchmal sollten wir den Details viel Aufmerksamkeit widmen, aber manchmal sollten wir uns einen »holzschnittartigen« Überblick verschaffen.

- Manchmal sollten wir viel Zeit und Energie in die Planung investieren, manchmal sollten wir uns diese Zeit und Energie sparen und nur sehr wenig Aufwand betreiben.

- Manchmal sollten wir uns unsere Ziele sehr klar vor Augen führen und genau festlegen, was wir erreichen wollen. Manchmal sollten wir aber einfach anfangen und ohne klare Vorstellung weitermachen.

- Manchmal sollten wir eher »analytisch« bzw. im Detail planen, manchmal sollten wir mehr »ganzheitlich« bzw. in Bildern denken.

- Manchmal sollten wir abwarten und beobachten, wie sich die Dinge entwickeln. Manchmal ist es vernünftig, schnell zu handeln und eine Gelegenheit beim Schopf zu packen.

Folgen wir diesen Ratschlägen, bekommt unsere Planung eine gewisse »Unschärfe« und erreicht einen Zustand, der als »begrenzte Instabilität« bezeichnet werden kann. Planung, die sich an einer Grenze zwischen stabilem und chaotischem Systemverhalten bewegt, mag zunächst ineffektiv erscheinen, doch dieser Grenzbereich ist eine sehr kreative Zone, in der sich völlig neue, unerwartete und überraschende Entwicklungen abspielen können. Manchmal läuft gute Planung geradezu chaotisch ab. Der Philosoph Reinhard Sprenger meint sogar: »Ohne chaotischen Anteil gibt es keine Selbstorganisation.«

Begrenzte Instabilität kann kreative Kräfte entfachen und so die Planung erleichtern. Dazu ist allerdings Mut erforderlich. Wir sollten uns von unserem absoluten Sicherheitsdenken lösen und unsere herkömmlichen Denkmuster hinter uns lassen. Dass sich die Umstände zum Positiven verändern, ist unwahrscheinlich. Daher ist es ratsam, nicht zu viel Zeit in aufwendige Planungsprozesse zu investieren. Halten Sie bei der Planung auch nach schnellen und unkonventionellen Lösungen Ausschau. Wer es wagt, unvorhergesehene Chancen zu nutzen, sollte allerdings bereit sein, Angst und Stress zu ertragen, Widersprüche auszuhalten, sich Zeit zum Nachdenken zu nehmen und Durchsetzungswillen durch Empathie zu ersetzen. Dann können interessante selbstorganisierende Lernprozesse entstehen und kreative Planungsvorgänge ihre gestalterische Kraft entfalten.

Entscheiden: Aus der Vielfalt wählen

Jeder kennt die Qual der Wahl, gerade wenn die Auswahl an Möglichkeiten besonders groß ist. Vor die Frage gestellt, was wir gern hätten, fragen wir zurück: »Welche Alternativen gibt es denn?« Ein vielleicht triviales, aber sehr treffendes Beispiel ist die Entscheidung für ein bestimmtes Gericht in einem Restaurant mit besonders umfangreicher Speisekarte. Wir müssen aus der Vielfalt wählen! Die Qual der Wahl tritt insbesondere dann auf, wenn wir zwischen mehreren *positiven* Dingen wählen müssen. Manchmal haben wir aber auch die Wahl der Qual, und zwar dann, wenn wir uns für eine von mehreren *negativen* Dingen entscheiden müssen. Letztendlich muss jeder Mensch – angesichts der für ihn bestehenden Alternativen – seine Entscheidungen selbst treffen. Aber mit der Qual der Wahl geht auch große Freiheit einher, denn ohne Wahlmöglichkeit besteht keine Entscheidungsfreiheit. Der Philosoph und Schriftsteller Peter Bieri spricht in diesem Zusammenhang davon, dass die Freiheit des Einzelnen erst in der Möglichkeit besteht, sich für oder gegen etwas entscheiden zu können.

 Reflektieren Sie Ihre eigenen Werte und Ziele. Schrauben Sie Ihre Erwartungen an sich selbst herunter. Nehmen Sie das eigene Leben in die Hand. Das erhöht Ihre Selbstachtung und führt zu mehr Freiheit.

Das Gleichnis von »Buridans Esel« führt uns die Schwierigkeiten einer Entscheidung zwischen zwei gleichwertigen Lösungen vor Augen: Ein Esel ist zwischen zwei gleich großen Heuhaufen festgebunden. Von beiden Heuhaufen ist er gleich weit entfernt. Er verhungert schließlich, da er sich nicht entscheiden kann, von welchem der beiden Heuhaufen er fressen soll. Ein echtes Dilemma! Das Gleichnis stammt zwar nicht von Johannes Buridan, sondern von Aristoteles, aber das tut hier nichts zur Sache. Entscheidend ist, dass der Esel an seiner Unfähigkeit, eine Entscheidung zu treffen, zugrunde geht.

 Es gibt immer Wege aus der scheinbaren Ausweglosigkeit. Keine Situation ist absolut hoffnungslos! Betrachten Sie eine Krise als Chance, Ihrem Leben eine neue Richtung zu geben. Ein Scheitern birgt stets die Chance für einen Neuanfang.

Menschen sind gegenüber Buridans Esel glücklicherweise im Vorteil, denn sie überblicken immerhin besser als dieser die Konsequenzen ihres Tuns! Trotzdem tun sich viele Menschen mit Entscheidungen schwer. Das liegt natürlich auch daran, dass wir meist mehr als nur zwei Alternativen haben. Mit der Zahl der Entscheidungsmöglichkeiten steigt einerseits die Freiheit, andererseits nehmen aber auch die Zweifel zu. Der Philosoph Wilhelm Schmid meint dazu: »Der Mensch, jeder einzelne, kann wählen, das ist Ausdruck seiner Eigenart und Selbstmächtigkeit, darin liegen sein Triumph und seine Tragik.«

 Bemühen Sie sich aktiv darum, Ihr Leben so weit wie möglich nach Ihren eigenen Vorstellungen zu gestalten. Lassen Sie dabei genügend Spielraum, um Unwägbarkeiten oder Widerständen begegnen zu können. Neben »Plan A« sollten Sie immer auch einen »Plan B« haben.

Viele Menschen sind in Entscheidungssituationen hin- und hergerissen und können die Entscheidung nur mit dem Gefühl großer Ambivalenz treffen. Das liegt zum einen daran, dass wir uns immer vor dem Hintergrund einer begrenzten Informationslage entscheiden müssen. Die zur Auswahl stehenden Möglichkeiten kennen wir so gut wie nie in allen Einzelheiten. Zum anderen entscheiden wir immer angesichts vermuteter Konsequenzen, das heißt aufgrund unserer bisherigen Erfahrungen und aufgrund angenommener Wahrscheinlichkeiten. Dazu kommt häufig die Angst vor dem Alleinsein, vor Liebesverlust oder vor der Beeinträchtigung des sozialen Ansehens. Letztendlich machen uns begrenzte Information und unsichere Erwartungen an die Zukunft unsere Entscheidungen so schwer.

 Treffen Sie keine voreiligen, unumkehrbaren Entscheidungen, wenn Sie sich überlastet fühlen oder ausgebrannt sind. Überlastung kann zur Verzerrung der Wahrnehmung führen. Schwere Fehlentscheidungen können die Folge sein.

Kaum ist eine Entscheidung gefallen, quälen sich viele Menschen mit der Frage, ob die Entscheidung auch wirklich die richtige war. Diese Menschen, die der amerikanische Psychologe Barry Schwartz »Maximizer« nennt, sind stets bestrebt, die schlechthin optimale Entscheidung zu treffen, die das Ergebnis »maximiert«. Im Gegensatz dazu sind die sogenannten »Satisficer« mit ihren Entscheidungen in der Regel zufrieden. Sie wissen zwar, dass sie mit etwas mehr Aufwand vielleicht eine »bessere« Entscheidung getroffen hätten, begnügen sich aber mit dem Ergebnis ihrer Entscheidung, so wie es nun einmal ist. Wie entscheide ich mich in unsicheren Situationen? Es ist in der Regel hilfreich, Vor- und Nachteile zunächst abzuwägen, das Für und Wider der verschiedenen Optionen zu bedenken, wenn möglich mit anderen Menschen zu sprechen und auf diese Weise die Informationsbasis zu vergrößern, aufgrund der die Entscheidung getroffen werden kann.

 Sorgen Sie für mehr Unabhängigkeit und Eigenständigkeit bei Ihren Entscheidungen. Versuchen Sie, Probleme zunächst selbständig zu lösen. Wenn Sie aber vor unlösbaren Schwierigkeiten stehen, bitten Sie andere Menschen um Hilfe.

Entscheidungen treffen

Das Treffen von Entscheidungen ist ein fortlaufender Prozess, der jeden von uns ein Leben lang begleitet und uns tagtäglich vor neue Anforderungen stellt. Als Entscheidung bezeichnet man die Wahl einer von mehreren Handlungsalternativen, die im Hinblick auf ein Ziel zur Verfügung stehen. Entscheidungen setzen immer auch die Auseinandersetzung mit konkreten Handlungsoptionen voraus. Die Entscheidungsfindung spielt sich dabei zwischen Annäherung und Distanzierung von den verschiedenen Möglichkeiten ab. Bei der Entscheidung können wir uns für eine Option festlegen oder verschiedene Optionen offenlassen. Allerdings sollten wir uns klarmachen, dass sowohl eine Festlegung als auch das Offenlassen Resultat einer Entscheidung ist: Sich *nicht* zu entscheiden, ist eben auch eine Entscheidung!

Damit überhaupt eine Entscheidung getroffen werden kann, müssen mehrere Handlungsmöglichkeiten zur Verfügung stehen. Die Entscheidungsfindung erfordert zunächst, dass wir uns *alle* verfügbaren Entscheidungsmöglichkeiten vor Augen führen (Aneignung!). Dazu gehören die Argumente *für* eine Entscheidung und auch die entsprechenden Gegenargumente. Wenn wir die Argumente nicht hinreichend bedenken, können uns wichtige Aspekte (pro und kontra) entgehen, die für die Entscheidung wichtig sind.

Die bewusste Steuerung unserer Entscheidungen gestattet uns nicht nur, verschiedene Handlungsalternativen zu bedenken, bevor wir eine Entscheidung treffen, sondern sie ermöglicht uns auch die Auseinandersetzung mit unserer Unentschlossenheit oder Ambivalenz. Diese tritt häufig auf, wenn den Handlungsalternativen gegensätzliche Werte zugrunde liegen und unsere Entscheidung eine unterschiedliche Gewichtung der verschiedenen Werte erfordert.

 Sorgen Sie dafür, dass für Sie die Balance zwischen Ihrem Arbeitsleben und Ihrem Privatleben stimmt.

In der Regel halten wir unsere Entscheidungen für ein Ergebnis rationaler Überlegungen, aber tatsächlich treffen wir unsere Entscheidungen sowohl bewusst als auch unbewusst. Emotionale Einflüsse wirken sich ganz erheblich auf unsere Entscheidungen aus. Im Lauf unseres Lebens haben wir uns bestimmte Denkmuster und Erlebnisweisen angeeignet, die sich mehr oder weniger direkt auf unser Denken, Fühlen und Handeln auswirken. Auf diese Weise sind auch unsere Entscheidungen betroffen.

 Lehnen Sie sich nicht gegen das Schicksal auf. Zeigen Sie radikale Akzeptanz gegenüber dem Unvermeidbaren. Nehmen

Sie die Dinge, wie sie kommen, und stellen Sie sich schwierigen Herausforderungen. Setzen Sie alles daran, mit Ihren Aufgaben zu wachsen.

Eine Entscheidung kann man als »reif« bezeichnen, wenn wir uns einigermaßen fest für eine bestimmte Handlungsoption entschieden haben. Wenn wir eine klare Entscheidung getroffen haben, stellt sich meist ein Gefühl der Zufriedenheit ein.

 Versuchen Sie, mit weniger auszukommen. Das stärkt das Selbstbewusstsein und stärkt Ihre Unabhängigkeit. Bauen Sie keine Luftschlösser. Suchen Sie stattdessen nach realistischen und praxistauglichen Lösungen.

Unsere Entscheidungen werden in hohem Maße von unseren Werten und Zielen bestimmt. Im jungen Erwachsenenalter werden unsere Entscheidungen häufig von Vorbildern, gleichaltrigen Familienangehörigen oder älteren Kollegen beeinflusst. Mit der Zeit relativieren wir die Einflüsse und Erwartungen anderer Menschen immer mehr und ersetzen sie durch unsere eigenen Werte und Ziele. Wir richten unsere Entscheidungen immer mehr an unseren eigenen Vorstellungen und Prioritäten aus.

Das liegt daran, dass wir als Erwachsene eine größere emotionale Distanz zu den Dingen herstellen und Entscheidungen nach unseren eigenen Wertvorstellungen treffen. Trotzdem treten überall dort, wo Entscheidungen getroffen werden, Widersprüche auf. Sie gehen häufig mit Ambivalenz (das heißt Unentschlossenheit) einher. Das bedeutet, dass wir bei unseren Entscheidungen manchmal verunsichert sind und mehrere, zum Teil widersprüchliche Tendenzen spüren: »Ich möchte mich einerseits *so* entscheiden, andererseits aber gern *so* ...«

Bei vielen Entscheidungen geht es also um *Konfliktkonstellationen* bzw. die Wahl zwischen *widersprüchlichen Alternativen* (z. B. spontan/reflektiert, kurzfristig/langfristig, rational/gefühlsbetont). Entscheidungen fallen uns oft dann leichter, wenn wir einsehen können, dass ein fremder Vorschlag entscheidende Vorteile gegenüber unserem eigenen Vorschlag hat. Die Fähigkeit, eigene Entscheidungen gegebenenfalls revidieren zu können, zeichnet konfliktfähige Entscheidungsträger aus.

Häufig beeinträchtigen Widersprüche zwischen Erwartungen, die von außen an uns herangetragen werden, und unseren eigenen Wertvorstellungen unsere Fähigkeit, Entscheidungen zu treffen. Konflikte entstehen auch, wenn wir genötigt werden, Entscheidungen schnell und ohne ausreichende Informationsgrundlage zu treffen. Widersprüche oder Unklarheiten erzeugen Unentschlossenheit (Ambivalenz), die uns beim Treffen von Entscheidungen empfindlich stören. Hier stellt sich die Frage, wie wir mit widersprüchlichen Anforderungen oder konflikthaften Entscheidungen umgehen sollen:

- Wie viel Kraft soll ich in einen Konflikt investieren?
- Soll ich um jeden Preis eine Klärung erzwingen?
- Wie lange soll ich die Ambivalenz, die ein Konflikt erzeugt, aushalten?
- Wann soll ich aufhören, Kraft in einen Konflikt zu investieren?

Manchmal ist es hilfreich, Ambivalenz auszuhalten, abzuwarten und sich eine Entscheidung noch einmal gründlich zu überlegen. Wenn es uns gelingt, Ambivalenz zuzulassen, entstehen Freiräume, in denen unsere Entscheidung »heranreifen« kann. So erhöhen wir die Wahrscheinlichkeit, dass wir die von uns getroffene Entscheidung im Rückblick als »richtig« beurteilen.

Durch den Prozess der Entscheidungsfindung können wir auf völlig neue und überraschende Lösungsstrategien kommen, die optimal auf unser aktuelles Problem zugeschnitten sind und uns wirklich weiterhelfen. Das stärkt unser Gefühl der Kompetenz und steigert unsere Zuversicht, zukünftige Anforderungen ebenfalls meistern zu können.

Wenn wir vor einer schwierigen Entscheidung stehen oder wir eine dringende Entscheidung treffen müssen, greifen wir häufig voreilig auf alte (und bisher durchaus bewährte!) Entscheidungsmuster zurück. Mittels alter Argumente entledigen wir uns einer als unangenehm erlebten Ambivalenz. Auf diese Weise kommen immer wieder Entscheidungen zustande, bei denen wir im Nachhinein häufig nicht sagen können, was genau uns zu der Entscheidung bewogen hat. Das ist die bestechende Macht der Gewohnheit! Problematisch ist nur, dass unsere früheren Entscheidungen unter völlig anderen Bedingungen gefallen sind und die Argumente für und wider ganz andere waren. Wenn wir also aktuelle Entscheidungen nach Maßgabe alter Entscheidungsmuster treffen, haben sie möglicherweise nur begrenzte Auswirkungen auf die Lösung aktueller Probleme.

 Ergreifen Sie neue Chancen. Lassen Sie sich nicht durch scheinbar unüberwindbare Hindernisse entmutigen. Suchen Sie Wege aus einer schwierigen Situation. Nutzen Sie die Möglichkeiten, die sich anbieten. Handeln Sie entschlossen.

Der Weg zur Entscheidung

Wonach richten wir uns letztendlich bei unseren Entscheidungen? Wodurch lassen wir uns beim Treffen von Entscheidungen beeinflussen? Wenn wir Entscheidungen treffen, wirken sich fast immer mehrere Faktoren auf unsere Entscheidungen aus. Der Psychologe Martin De Waele hat mehrere Einflussfaktoren identifiziert, die unsere Entscheidungen ganz wesentlich mitbestimmen:

- Bedürfnis (Notwendigkeit),
- Wunsch (Motivation),
- Wille (Intention),
- Offenheit (Information),
- Orientierung (Ziele),
- Auswahl (Optionen),
- Entscheidung (Prioritäten),
- Handlung (Umsetzung).

Bedürfnisse entstehen auf der Grundlage physiologischer Notwendigkeiten. Sie können eng mit unseren *Wünschen* verbunden sein oder zu solchen heranwachsen. Mit einem Wunsch entsteht die Motivation, diesen Wunsch auch zu erfüllen. Die Absicht oder Intention ist der Beginn eines sich konsolidierenden *Willens*, der unsere Entscheidungen vorantreibt. Mit der *Orientierung* auf ein konkretes Ziel hin rückt die Erfüllung eines Wunsches näher, denn wir müssen ein

Ziel fest ins Auge fassen, wenn wir es erreichen wollen. Die Orientierung gelingt allerdings nur, wenn wir für Information offen sind, die uns dem Ziel näher bringt.

Offenheit ist eine Haltung, die zur Aneignung sinnvoller Information unerlässlich ist. Ohne Offenheit versperren wir uns selbst die Sicht und verlieren schnell den Überblick. Nur wenn wir die inneren und äußeren Gegebenheiten wahrnehmen, können wir uns die verschiedenen Optionen bewusst machen, die uns zur Erfüllung unserer Wünsche zur Verfügung stehen. Zwischen den Optionen muss dann eine *Auswahl* getroffen werden, da sich nur selten alle denkbaren Optionen verwirklichen lassen. Wir müssen aus der Vielfalt wählen! Angesichts der Optionen müssen wir Prioritäten setzen und eine *Entscheidung* treffen. Ist die Entscheidung einmal getroffen, erfolgt schließlich die *Umsetzung* des Plans in eine konkrete Handlung in Richtung Ziel. Erst an dieser Stelle wird unsere Entscheidung wirksam, erst hier zeigt sie Folgen ...

Welche Rolle spielt nun eigentlich kulturelle Prägung? Unser Denken ist immer auch durch kulturelle Einflüsse geprägt, die meistens über andere Menschen auf uns einwirken. In manchen Situationen oder während bestimmter Lebensphasen sind wir für solche Einflüsse besonders empfänglich: in der Kindheit, in Krisensituationen oder in Zeiten des Umbruchs. Im Lauf unserer Erziehung sind wir dem Einfluss unserer Eltern, Verwandten, Freunde, Lehrer oder sonstiger Bezugspersonen ausgesetzt. So entstehen unsere Überzeugungen, Sichtweisen, Meinungen, Wertmaßstäbe und Moralvorstellungen. Der Einfluss der Menschen, die uns nahe stehen, ist außerordentlich groß. Darüber hinaus sind unsere Denkmuster auch durch Werte und Normen geprägt, die wir unmerklich und unfreiwillig übernommen haben, beispielsweise aus Unsicherheit oder Angst vor Bestrafung. Beide Mechanismen haben eine kaum zu unterschätzende Bedeutung für unsere kulturelle Prägung, weil sie unser Denken und Fühlen so stark beeinflussen.

Kulturelle Prägung kann zu vereinfachtem Denken und infolgedessen überstürzten Entscheidungen führen. Ein einmaliges Ereignis kann unser Denken so stark prägen, dass wir uns bei unseren Entscheidungen immer wieder auf dieses Ereignis beziehen, auch wenn gegenwärtig eine völlig andere Situation besteht. Wenn wir unsere bisherige Erfahrung voreilig auf neue Situationen beziehen, kommen unzutreffende Verallgemeinerungen zustande (Vorurteile!), die zu Fehlentscheidungen führen. Starre Denkmuster behindern unsere Fähigkeit, neue Information aufzunehmen, und beeinträchtigen dadurch unsere Entscheidungsfreiheit. Unsicherheit und Angst fördern die Entstehung starrer Denkmuster, die wiederum neue Unsicherheit und Angst nach sich ziehen, da sie keine Relativierung oder Distanzierung erlauben.

Dieser Teufelskreis stabilisiert sich im Lauf der Zeit von selbst und bestimmt zunehmend unsere Entscheidungen. So kann ein als traumatisch erlebtes Ereignis unsere Entscheidungsfreiheit nachhaltig beeinträchtigen, ohne dass wir uns dieser Tatsache bewusst sind. Die Bedeutung kultureller Prägung für Entscheidungen liegt darin, dass sich unsere Erfahrungen unbewusst auf unser Denken und Verhalten auswirken. Unser Denken und Verhalten ist also selten das Ergebnis bewusster und rein rationaler Überlegungen, sondern häufig auch das Ergebnis unbewusster und irrationaler Vorgänge. Wenn uns diese Einflüsse bewusst werden, die unsere Entscheidungen (mit-)bestimmen, entsteht leicht ein Gefühl der Zwangsläufigkeit oder Hilflosigkeit. Wenn wir uns diesem Gefühl der Verunsicherung wehrlos ausgeliefert sehen, neigen wir dazu, uns fremdbestimmt zu fühlen. Dieses Gefühl kompensieren wir dadurch, dass wir über andere Menschen Macht ausüben, beispielsweise indem wir unsere eigenen Vorstellungen oder Erwartungen bei anderen durchsetzen. So pflanzt sich der Prozess der kulturellen Prägung fort.

Abwehr

Wenn wir als Menschen überfordert sind, reagieren wir oft mit stereotypen Verhaltensmustern. Diese sind jedoch meist ineffektiv. Daher scheitern auch häufig unsere Versuche, neuen und möglicherweise belastenden Situationen mit stereotypen Verhaltensmustern zu begegnen. Manche Menschen zeigen in Überforderungssituationen autoritäres oder sogar antisoziales Verhalten. Andere ziehen sich zurück und suchen Halt in vertrauten Tätigkeiten, die keine großen Anforderungen an sie stellen. Solche Reaktionen verhindern das Auftauchen unangenehmer Gefühle und stabilisieren unser Selbstwertgefühl. Daher werden die zugrunde liegenden psychischen Mechanismen auch »Abwehrmechanismen« genannt. Abwehrmechanismen oder Bewältigungsmechanismen sind unbewusst ablaufende Vorgänge, die uns vor dem Bewusstwerden emotionaler Überlastung schützen. Die Angst, die zusammen mit der Überlastung entsteht, wird gewissermaßen abgewehrt. Abwehr kann sowohl für uns selbst als auch für unsere Mitmenschen ein Problem darstellen.

Wenn wir auf emotionale Überlastung mit Abwehr reagieren, kann dies auf unterschiedliche Weise geschehen. Die American Psychiatric Association (APA) hat eine ganze Reihe verschiedener Abwehrmechanismen identifiziert, die dazu dienen, unangenehme Gedanken, Gefühle, Erinnerungen, Wünsche oder Ängste aus unserem Bewusstsein zu verbannen. Eine Form der Abwehr wird »Kompromissbildung« genannt, da sie einen Kompromiss zwischen Wunsch und Wirklichkeit bewirkt. Zu dieser Art der Abwehr gehört beispielsweise die *Affektisolierung*. Dabei werden bestimmte Gedanken von den dazugehörigen Gefühlen abgekoppelt, so dass sie nicht mehr wahrgenommen werden. Auch die *Verdrängung* gehört zu dieser Art der Abwehr. Dabei werden störende Wünsche, Gedanken oder Erfahrungen von unserem bewussten Erleben ausgeschlossen.

Es gibt Formen der Abwehr, die mit einer leichten Verzerrung unserer Vorstellung einhergehen. Durch die Verzerrung werden die unangenehmen Gefühle oder unannehmbare Impulse so verändert, dass sie nicht ganz aus unserem Bewusstsein verbannt werden müssen. Ein Beispiel für diese Art der Abwehr ist die *Idealisierung,* bei der einer Person übertrieben gute Eigenschaften zugeschrieben werden. Das Gegenstück zu diesem Abwehrmechanismus ist die *Entwertung.* Dabei werden positive Eigenschaften einer Person sehr viel kleiner gemacht, als sie wirklich sind. Herabwürdigende Äußerungen weisen oft auf diesen Abwehrmechanismus hin.

Bei einigen Abwehrformen spielt *Verleugnung* eine besondere Rolle. Durch Verleugnung werden unangenehme oder inakzeptable Gedanken, Wünsche oder Gefühle aus dem Bewusstsein verbannt. Ein Beispiel für diese Art der Abwehr ist die *Projektion,* bei der die eigenen (unangenehmen!) Gefühle, Impulse oder Gedanken fälschlicherweise jemand anderem zugeschrieben werden. Zu dieser Art der Abwehr gehört auch die *Rationalisierung*. Dabei werden scheinbar sinnvolle Erklärungen oder Begründungen vorgebracht, die aber nur dazu dienen, die wirklichen Gründe für unser Verhalten zu verschleiern.

Einige Formen der Abwehr gehen mit einer schweren Verzerrung unserer Wahrnehmung einher. Dazu gehört beispielsweise die *Spaltung,* bei der widersprüchliche Gedanken und Gefühle nicht zu einem Gesamtbild integriert werden können und daher wichtige Gesichtspunkte einer Situation oder Aspekte einer Person ausgeblendet werden müssen. Das Ergebnis ist ein verzerrtes, unausgewogenes Bild, das die Realität nicht angemessen wiedergibt.

Bei einer anderen Gruppe von Abwehrformen werden psychische Belastungen entweder durch besonders aktives Handeln oder aber durch Rückzug bewältigt. Ein Beispiel für diese Art der Abwehr ist das *Ausagieren*. Dabei reagieren wir auf emotionale Konflikte mit konkreten Handlungen statt mit der Äußerung von Gedanken oder Gefühlen. Ein anderes Beispiel ist die *passive Aggression,* bei der aggressive Gefühle oder Impulse unbewusst unterdrückt werden. Hinter einer Fassade offener Zustimmung verbergen wir unseren Ärger und unsere Wut. Unter dem Deckmantel scheinbarer Freundlichkeit und Offenheit leisten wir erbitterten Widerstand.

Abwehr trägt zwar dazu bei, das Gefühl der Enttäuschung oder Kränkung zu vermeiden, aber unsere Probleme werden dadurch eher verschleiert. Abwehr schließt oft die Möglichkeit aus, sich bewusst und offen mit einem Konflikt auseinanderzusetzen. Daher erschwert Abwehr meistens die Auseinandersetzung mit den eigenen Problemen. Es gibt jedoch auch Formen der Abwehr, die zu einer besseren Anpassung an Belastungen beitragen. Ein Beispiel für diese Art der Abwehr ist die *Sublimation*. Dabei werden unangenehme Gedanken oder Gefühle verwandelt und auf sozial akzeptable Art ausgelebt. Das kann beispielsweise durch das Treiben von Sport geschehen, um Wut oder Ärger zu kanalisieren. Eine andere, aber viel zu sehr vernachlässigte Form der Abwehr ist der *Humor*. Bei dieser Art der Abwehr stellen wir witzige oder ironische Aspekte eines Konflikts oder einer Belastung in den Vordergrund. Durch Gelächter distanzieren wir uns von Problemen und befreien uns von der Last unserer Konflikte. Manchmal ist Lachen tatsächlich die beste Medizin!

Die Bewusstmachung von Abwehrmechanismen erleichtert uns den bewussten Umgang mit belastenden Gedanken, Gefühlen und Impulsen. Sie hilft uns dabei, ein Gleichgewicht zwischen gegensätzlichen Motivatoren herzustellen, und ermöglicht uns, eine unbefangene Position einzunehmen. Die zuletzt genannten »konstruktiven« Formen der Abwehr lassen sich auch als Formen der Problembewältigung verstehen. Sie weisen auf eine erfolgreiche Verarbeitung von belastenden Emotionen hin und ermöglichen es uns, effektiv zu handeln.

Abwehr von Entscheidungen

Abwehr kann die Auswirkungen unserer kulturellen Prägung akzentuieren oder verstärken. Unsere Abwehr prägt die Art und Weise, wie wir denken und fühlen. Darüber hinaus beeinflussen Abwehrvorgänge unsere Informationsauswahl, also die Informationsquellen, die wir nutzen, und die Information, die wir aufnehmen. Die von uns bevorzugten Abwehrmechanismen beeinflussen unsere Entscheidungen maßgeblich. Sie bestimmen nicht nur unser Denken, sondern auch die Art und Weise, wie wir Entscheidungen treffen. Unsere Abwehrmechanismen führen dazu, dass wir bestimmte Inhalte aus unserem Bewusstsein verbannen. Dadurch schränkt Abwehr unsere Wahrnehmung ein und führt dazu, dass wir die Breite unserer Entscheidungsmöglichkeiten nur eingeschränkt nutzen können.

Abwehr stabilisiert uns allerdings auch, indem wir in Ambivalenz verharren. Eine solche Stabilisierung ist jedoch nicht von Dauer und trägt so gut wie nichts zur Bewältigung unserer konkreten Probleme bei. Da sich Abwehr mehr oder weniger reflexartig abspielt und sich meistens unserem Bewusstsein entzieht, sind wir gewissermaßen Spielball unserer eigenen Abwehr. Wenn wir aber unsere Abwehrmechanismen verstehen und verändern wollen, müssen wir uns unserer Abwehr bewusst werden. Wenn uns dies gelingt, wehren wir Entscheidungen nicht mehr ab, sondern treffen sie bewusst und zu unserem eigentlichen Nutzen.

Aktive und reaktive Entscheidungen

Es gibt Zeiten, in denen wir ohne Probleme Entscheidungen treffen. Bedürfnisse führen zu Wünschen, ein Wille entsteht, den Wunsch zu erfüllen, wir orientieren uns und fassen Ziele ins Auge, wir sind offen für Information, die Grundlage unserer Planung ist, wir wählen aus der Vielfalt eine Option, entscheiden uns für einen Weg in Richtung Ziel und setzen unser Vorhaben in eine konkrete Handlung um. Wenn wir unsere Wünsche und Ziele bewusst identifizieren, fallen Entscheidungen leicht und Lösungen ergeben sich fast wie von selbst. Das ist der *aktive* Entscheidungsmodus.

Es gibt aber auch Zeiten, in denen wir merken, dass wir uns nur schwer oder überhaupt nicht entscheiden können. Dann sind wir nicht in der Lage, die Vielfalt unserer Entscheidungsmöglichkeiten zu sehen. Dann bewegen wir uns auch nicht mehr auf Entscheidungen zu, sondern machen Rückschritte in einen Zustand unerfüllter Wünsche und unausgereifter Pläne. Dann entsteht schnell ein Gefühl der Bedürftigkeit und Verunsicherung. Bei solchen Störungen oder Unterbrechungen unserer Entscheidungen führen unerfüllte Wünsche und unausgereifte Pläne oft zu Fehlentscheidungen und nicht zielführenden Handlungen. Diese ziehen wiederum unerfüllte Wünsche nach sich und stellen uns vor einen Komplex unlösbarer Probleme. Das ist der *reaktive* Entscheidungsmodus.

Manchmal sind reaktive Entscheidungen jedoch unumgänglich. Das kann nach einem Verlust (z. B. der Verlust des Arbeitsplatzes) oder einer Kränkung (z. B. Zurückweisung durch einen anderen Menschen) der Fall sein. Nach solchen Erfahrungen kämpfen wir mit Traurigkeit, Reue oder Wut. Aus unserer Hilflosigkeit heraus können wir uns nicht vorstellen, dass es jemals wieder eine Entscheidungs- oder Handlungsmöglichkeit geben wird. Doch wenn wir unsere Wünsche unterdrücken und unsere Ziele aufgeben, sind wir nicht mehr offen für Auswege aus unserer Situation. Wenn wir uns auch noch gegenüber anderen Menschen verschließen, ziehen sie sich von uns zurück. Was bleibt, ist ein Gefühl der Hilflosigkeit und Schwäche. Wenn es uns in einer solchen Situation gelingt, Entscheidungen zu treffen, sind diese oft nicht sehr überzeugend. Das liegt daran, dass wir uns im reaktiven Entscheidungsmodus passiv verhalten und zum Spielball äußerer Kräfte werden.

Im aktiven Entscheidungsmodus besteht das Risiko, dass wir zwar die Initiative übernehmen, aber dabei unnötige Risiken eingehen und überstürzt handeln. Im passiven Entscheidungsmodus zaudern und verzagen wir. Weil wir uns ohnmächtig fühlen, machen wir andere Menschen für die eigene Handlungsunfähigkeit verantwortlich. Sowohl der aktive als auch der reaktive Entscheidungsmodus bringt Vorteile, aber auch Risiken mit sich. Keiner der beiden Entscheidungsmodi ist absolut gesehen »besser« als der andere. Bei Entscheidungen kommt es vielmehr darauf an, ein ausgewogenes Wechselspiel zwischen beiden Entscheidungsmodi herbeizuführen. Im Wechselspiel zwischen aktiven als auch reaktiven Aspekten unserer Entscheidungen kommen die besten Ergebnisse zustande.

Wie groß ist unsere Entscheidungsfreiheit?

Unser Entscheidungsmodus beeinflusst nicht nur unsere Entscheidungen, sondern bestimmt auch die Emotionen, die unsere Entscheidungen begleiten. Wenn wir zufrieden und entspannt sind, verhalten wir uns anders, als wenn wir unsicher und verstimmt sind. Je nach Situation reagieren wir auf andere Menschen und deren Verhalten unterschiedlich. Unsere Emotionen hängen also von unserem Entscheidungsmodus ab und unser Entscheidungsmodus von unseren Emotionen. Bei so viel gegenseitiger Beeinflussung liegt die Frage nahe: Wie groß ist unsere Entscheidungsfreiheit wirklich?

Unsere Entscheidungsfreiheit kann sehr schnell schwinden. Die Gründe können in uns selbst liegen oder an äußeren Bedingungen. Wenn wir unsere Entscheidungsfreiheit selbst einschränken, beispielsweise indem wir unsere Handlungsoptionen bewusst begrenzen, schränken wir zugleich den Entscheidungsspielraum anderer Menschen ein. Indem wir unsere Handlungsmöglichkeiten reduzieren, begrenzen wir zugleich die Reaktionsmöglichkeiten unseres Gegenübers. Dadurch geht Flexibilität in der Interaktion zwischen Menschen verloren.

Um die eigene Entscheidungsfreiheit zu bewahren, ist es wichtig, Handlungsoptionen möglichst ergebnisoffen zu bedenken. Wir sollten nicht verbissen an bestimmten Zielvorstellungen festhalten und offen für neue Information sein. Die Äußerung eines persönlichen Wunsches kann die Interaktion mit einem anderen Menschen sehr beeinflussen. Dadurch dass die Interaktion auf eine persönliche Ebene gebracht wird, kann ein Entscheidungsprozess eine positive Wendung bekommen. Die Wahrscheinlichkeit, dass eine für alle Beteiligten befriedigende Entscheidung fällt, wird durch den offenen und entspannten Umgang der Gesprächspartner wesentlich erhöht.

Bei Entscheidungen, die von einer Gruppe getroffen werden müssen, kann es vorkommen, dass Druck auf bestimmte Gruppenmitglieder ausgeübt wird. Das geschieht allerdings nur so lange, wie die Gruppenmitglieder die Situation nicht durchschauen und sich von anderen beeinflussen lassen. Dabei spielt das Bedürfnis nach Anerkennung in der Gruppe eine nicht zu unterschätzende Rolle. Aber auch wenn in einer Gruppe kein besonderer Druck ausgeübt wird, neigen wir dazu, unsere individuelle Entscheidungsfreiheit aufzugeben und uns an die Gruppenmeinung anzuschließen. Dann geraten wir aber in Situationen, in denen anders entschieden wird, als wir eigentlich gewollt hätten. Hier tut sich das weite Feld der Gruppendynamik auf …

Unsere Entscheidungsfreiheit kann durch verschiedenste Einflüsse beeinträchtigt werden: kulturelle Prägung, Abwehr, Angst, Scham oder Selbstunsicherheit. Solche Beeinträchtigungen wirken sich ungünstig auf unser Befinden aus und beeinflussen unsere Entscheidungen negativ. Eine ähnliche Rolle spielen äußere Einflüsse wie Verunsicherung und Kritik. Wenn wir nicht selbst von unseren eigenen Werten und Zielen überzeugt sind, fällt es uns schwer, Entscheidungen durchzusetzen, die aus unserer Sicht zielführend sind.

Unfreie Entscheidungen

Unfreie Entscheidungen können einerseits durch das autoritäre Auftreten anderer Menschen entstehen, sie können aber auch durch die Imitation des Verhaltens einer von uns bewunderten Person zustande kommen. Oft hängen Entscheidungen von verdrängten Gefühlen ab oder folgen gesellschaftlich akzeptierten Idealen: »reiß dich zusammen«, »verbirg deine Gefühle«, »sei vorsichtig«, »wahre die Distanz«. Viele dieser Ideale sind geeignet, Schuldgefühle auszulösen, weil wir den Idealen nicht entsprechen können oder entsprechen wollen. Solche Ideale sind destruktiv, wenn wir sie unkritisch übernehmen und zum alleinigen Maßstab für unsere Entscheidungen machen.

Da wir die Kriterien, nach denen wir Entscheidungen treffen, häufig von anderen Menschen übernehmen, erfolgen Entscheidungen nicht immer nach unseren wahren Bedürfnissen. Wenn wir Wertmaßstäbe kritiklos von anderen übernehmen, kommen wir sehr schnell in Konflikt mit unseren eigenen Wertmaßstäben. Die resultierenden Entscheidungen sind dann nicht das Ergebnis der freien Entscheidung, sondern eine Folge der Angst, kritisiert und dadurch isoliert zu werden. Wir sollten uns aber nicht von möglicher Kritik verunsichern lassen. Kritik fällt oft auf denjenigen zurück, der kritisiert. »Kritik ist Eigenbiografie«: Das bedeutet, was mich an anderen stört, hat häufig viel mehr mit mir selbst zu tun. Der Zeichner und Schriftsteller F. W. Bernstein drückt diese Erkenntnis so aus: »Die schärfsten Kritiker der Elche waren früher selber welche.«

Die Entscheidungsfindung optimieren

Bei der Entscheidungsfindung ergeben sich in der Praxis oft große Probleme. Neben den äußeren Gegebenheiten, die wir als »Sachzwänge« erleben, gibt es viele innere oder persönliche Faktoren, die uns in unseren Entscheidungen stören können und Fehlentscheidungen nach sich ziehen. Wir alle treffen Fehleinschätzungen und sitzen Irrtümern auf, selbst wenn wir uns Mühe geben, Probleme »ganz nüchtern« zu betrachten oder Schwierigkeiten »in aller Sachlichkeit« zu besprechen.

Vermeiden von Fehlentscheidungen

Obwohl sich die meisten Menschen der Fehlbarkeit ihrer Entscheidungen sehr wohl bewusst sind (was auch ein Grund dafür ist, warum wir endgültige Entscheidungen häufig vermeiden), sehen viele Menschen die Dinge dennoch oft zu optimistisch. Sie ziehen Fehlschlüsse und treffen folglich Fehlentscheidungen. Fehlentscheidungen können eine Reihe verschiedener Ursachen haben:

- Wir neigen dazu, unsere Überzeugung für maßgeblich zu halten, auch wenn objektive Gründe dagegen sprechen.
- Die Qualität unserer Schlussfolgerungen bewerten wir meist selbst; dabei können uns Fehler unterlaufen.
- Häufig sind wir uns nicht (oder nur scheinbar) darüber im Klaren, welche Faktoren unsere Urteilsbildung beeinflussen.
- Wir können nur schwer zugeben, dass Aufwendungen sinnlos »versenkt« wurden, und rechtfertigen weitere Aufwendungen, um den Schaden wiedergutzumachen.

Die Optimierung der Entscheidungsfindung dient der Sensibilisierung gegenüber möglichen Fehlern in der Begründung einer Entscheidung. Bei der Optimierung der Entscheidungsfindung spielt die Abwägung von Pro und Kontra eine wichtige Rolle. Diese trägt wesentlich zur Fehlerreduktion und damit zur Vermeidung von Fehlentscheidungen bei.

Effektive Informationsverarbeitung

Aufgrund unserer begrenzten Informationsverarbeitungskapazität müssen wir Informationen immer *selektieren, organisieren* und *integrieren*. Sonst würden wir in der Informationsflut untergehen und handlungsunfähig sein. Während unsere Informationsverarbeitungskapazität bereits mit der simultanen Verarbeitung von nur sieben Einzelinformationen bald an ihre Grenzen kommt, ist auch der Zugriff auf unsere Gedächtnisinhalte begrenzt. Darüber hinaus schreiben wir den Ereignissen eine subjektive Bedeutung zu und konstruieren auf diese Weise unsere eigene Welt. So kann es – neben der überwiegend realistischen Einschätzung von Ereignissen – auch zu schweren Fehleinschätzungen kommen. Das wirkt sich auf unser Verhalten aus. Daher ist unsere Informationsverarbeitung nicht immer effektiv und unser Problemlösungsverhalten nur bedingt rational.

Gründe für Fehleinschätzungen

Fehlentscheidungen lassen sich nicht bloß auf die Menge oder Qualität der verfügbaren Information zurückführen. Wir müssen vielmehr davon ausgehen, dass bei Fehlentscheidungen sowohl kognitive

Faktoren (das Denken betreffend) als auch emotionale Faktoren (die Gefühle betreffend) eine Rolle spielen. Unerklärte persönliche Ziele und eine unklare Interessenlage können zu *motivierten* Fehleinschätzungen führen. In solchen Fällen werden Situationen nach der eigenen Interessenlage bewertet und Entscheidungen zu eigenen Gunsten getroffen. Sowohl die natürlichen Grenzen unserer Informationsverarbeitungskapazität als auch die Vernachlässigung hilfreicher Entscheidungstechniken können zu *nichtmotivierten* Fehleinschätzungen führen, wenn nämlich aufgrund verzerrter Informationsverarbeitung falsche Entscheidungen getroffen werden.

Fehlerhafte oder verzerrte Informationsverarbeitung kann folgende Auswirkungen haben:

- *Selektive Wahrnehmung:* Manche Informationen werden besonders deutlich wahrgenommen, während andere vernachlässigt werden.

- *Stärkere Gewichtung anschaulicher Information gegenüber abstrakter Information:* Einer anschaulichen Analogie wird mehr Gewicht verliehen als objektiven Zahlen.

- *Zeitpunkt der Informationsvermittlung:* Information, die frühzeitig wahrgenommen wird, wird als wichtiger eingestuft.

- *Selbsterfüllende Prophezeiungen:* Wenn jemand darauf hinarbeitet, dass sich seine Zukunftserwartungen verwirklichen, treten sie tatsächlich ein.

- *Scheinbare Korrelation:* Zusammenhänge werden gesehen, die in Wirklichkeit nicht existieren. Beispielsweise wird ein kausaler Zusammenhang hergestellt, wo nur ein zeitlicher Zusammenhang besteht.

- *Fundamentale Attribuierungsfehler:* Grobe Fehleinschätzungen werden getroffen und falsche Schlussfolgerungen gezogen.

- *Illusion der Kontrolle:* Jemand beherrscht einen Vorgang vermeintlich, tatsächlich ist dies jedoch nicht der Fall.

- *Fehlerhafte Generalisierung:* Eine Schlussfolgerung wird von einer Situation auf eine völlig andere, nicht vergleichbare Situation übertragen.

- *Fehler durch emotionalen oder situativen Druck:* Der Fehler entsteht, wenn jemand eine Entscheidung treffen muss, die ihn ganz persönlich betrifft.

- *Fehler aufgrund großer Komplexität von Systemen:* Ein Entscheidungsträger überblickt eine Situation nicht ganz, entscheidet aber dennoch.

Aufgrund solcher Fehler in der Informationsverarbeitung sind Fehlentscheidungen unvermeidlich. Die Qualität der getroffenen Entscheidungen hängt daher im Wesentlichen von der Fähigkeit des Einzelnen ab, Information im Hinblick auf eine bestimmte Entscheidung zu verarbeiten.

Adaptives Problemlösen

Doch wie können wir die Qualität unserer Entscheidungen verbessern und unsere Fähigkeit, Entscheidungen zu treffen, optimieren? Eine erfolgversprechende Strategie ist das *adaptive Problemlösen*. Mit dieser Methode können wir die individuellen Grenzen der Rationalität überwinden. Beim adaptiven Problemlösen werden Ziele und Werte, Tatsachen und Zusammenhänge, Macht und Kontrolle als modifizierbar aufgefasst:

- *Ziele* werden als mehrdeutig aufgefasst und als modifizierbar betrachtet.
- *Werte* können durch die Überwindung individueller Beschränkungen verändert werden.
- *Tatsachen* und *Zusammenhänge* werden als vereinfachtes Modell der Realität betrachtet.
- *Macht* und *Kontrolle* werden auf die Erfordernisse der angestrebten Ziele begrenzt.

Dieser Auffassung liegt die Erkenntnis der Grenzen menschlicher Rationalität zugrunde. Wir sollten die Sachverhalte, nach denen wir Entscheidungen treffen, nach Möglichkeit vereinfachen. Darüber hinaus sollten wir die Ansprüche an unsere Kompetenz reduzieren und flexibel in unseren Entscheidungen sein. Komplexität sollten wir so weit reduzieren, dass wir sinnvolle Entscheidungen treffen können. Statt idealer Lösungen sollten wir befriedigende Lösungen anstreben. Probleme werden nicht simultan gelöst, sondern der Reihe nach. Durch solche Relativierungen und Vereinfachungen werden flexiblere Entscheidungen möglich, die schließlich zu realitätsgerechteren Problemlösungen führen. Ziel ist nicht die optimale Lösung, sondern eine hinreichende oder »genügend gute« Lösung.

Auf dem Weg zu besseren Entscheidungen

Es gibt zur Optimierung von Entscheidungen bestimmte Strategien, die uns gegenüber möglichen Fehlern sensibilisieren und uns helfen, Fehler zu vermeiden. Diese Strategien, die auch »Entscheidungsheuristiken« genannt werden, können uns als Faustregeln bei der Urteilsbildung dienen und so unsere Entscheidungen erleichtern. Solche Regeln haben den Vorteil, dass sie zur Komplexitätsverringerung beitragen und so die Wahrscheinlichkeit reduzieren, Fehlentscheidungen zu treffen. Frederick H. Kanfer schlägt folgende Strategien vor:

- *Sensibilisierung für mögliche Fehlerquellen:* Es ist wichtig, sich klarzumachen, dass jeder Entscheidungsprozess Fehlerquellen mit sich bringt und dass jede Entscheidung mit einem Fehlerrisiko einhergeht.

- *Immunisierung gegen Verzerrungen:* Da Menschen aus Fehlern mehr lernen als aus Erfolgen, ist ein Fehler immer eine Chance zur Verbesserung der eigenen Fähigkeiten, auch der Entscheidungsfähigkeit. Wenn wir unsere Aufmerksamkeit auf die von uns gemachten Fehler ausrichten, können wir die Verzerrung unserer Wahrnehmung erkennen und uns gegen verzerrte Wahrnehmung von Personen oder falsche Bewertung von Situationen ein Stück weit immunisieren.

- *Entautomatisierung von Schlussfolgerungen:* Beurteilungs- und Entscheidungsfehler lassen sich oft dadurch vermeiden, dass wir uns bewusst unserem Informationsverarbeitungsprozess zuwenden. Lässt sich dieser – normalerweise automatisch ablaufende – Prozess vielleicht optimieren? Wenn wir uns zu sehr auf mehr oder weniger automatisch ablaufende Denkweisen verlassen, ziehen wir voreilige – und daher unzutreffende! – Schlussfolgerungen.

- *Formulierung von Alternativhypothesen:* Bei Entscheidungen sollten wir immer mehrere verschiedene Annahmen einkalkulieren, damit wir uns nicht vorschnell auf unsere »Lieblingshypothese« festlegen. Eine Entscheidung kann als Vorgang betrachtet werden, bei dem falsche Annahmen aufgegeben und durch richtige ersetzt werden. Daher sollten wir immer sorgfältig überlegen, welche Annahmen oder Erklärungen zur Bewertung einer Situation sonst noch in Frage kommen. Erklärt eine neue Hypothese die Realität besser als die alte, sollte die neue Hypothese der alten vorgezogen werden.

- *Die Suche nach Gegenargumenten:* Die gezielte Suche nach treffenden Gegenargumenten kann uns helfen, beide Seiten einer Frage zu betrachten. Wenn wir zwei Seiten eines Problems bedenken, kommen wir zu einer realitätsgerechteren Entscheidung. Wir sollten uns fragen, welche Annahmen *gegen* die bisherige Bewertung einer Situation sprechen. Wenn wir Gegenargumente berücksichtigen, vermeiden wir den Fehler, nur auf die Aspekte zu achten, die *für* die bisherigen Annahmen sprechen.

- *Die Suche nach Informationslücken:* Entscheidungen setzen Information voraus. Daher sollten wir bei unseren Entscheidungen stets überlegen, ob wir über die Information verfügen, die wir für eine Entscheidung benötigen. Wenn wir eine Informationslücke feststellen, sollten wir uns überlegen, wie wir diese schließen können.

- *Schriftliche Erstellung von Entscheidungshilfen:* Es ist eine triviale Erkenntnis, dass jedem Fehler unterlaufen. Gerade auf unser Gedächtnis können wir uns nur selten absolut verlassen. Daher kann es sinnvoll sein, Entscheidungsprozesse aufzuzeichnen, um die Entstehung von Entscheidungen festzuhalten. Auf diese Weise können wir unsere Gedankengänge nachvollziehen und das in Erinnerung rufen, was uns zu einer Entscheidung bewegt hat. Bei besonders schweren Entscheidungen ist es hilfreich, die Argumente »pro« und »kontra« einander schriftlich gegenüberzustellen.

- *Offener Austausch mit anderen:* Die Besprechung schwieriger Entscheidungen mit anderen Menschen ist wichtig, um eigene Argumente zu hinterfragen, die Argumente anderer abzuwägen, bisher vernachlässigte Argumente ins Blickfeld zu rücken und auf diese Weise Fehlentscheidungen zu vermeiden. Einsame Entscheidungen sind oft die quälendsten!

 Tragen Sie die Verantwortung für wichtige Angelegenheiten oder Entscheidungen möglichst nicht allein. Besprechen Sie wichtige Angelegenheiten oder Entscheidungen vorher mit anderen Menschen. Holen Sie andere mit ins Boot und delegieren Sie so viel wie möglich.

- *Kontinuierliche Bewertung des eigenen Vorgehens:* Beim Treffen von Entscheidungen sollten wir uns laufend fragen, ob wir alle Aspekte eines Problems wirklich berücksichtigt haben, ob die Information, über die wir verfügen, zum Treffen einer Entscheidung reicht, und welche anderen Entscheidungsmöglichkeiten es gibt. Dann haben wir die Möglichkeit, in einen laufenden Entscheidungsprozess einzugreifen und drohende Fehlentscheidungen abzuwenden.

- *Vertrauter Umgang mit komplexen Systemen:* Wir treffen unsere Entscheidungen immer innerhalb eines Systems. Daher sollten wir uns in Systemen orientieren können, um richtige Entscheidungen zu treffen und um handlungsfähig zu bleiben. Das kann schwierig sein, da wir selbst Teil eines Systems sind und aus dem System heraustreten müssen, um es betrachten zu können. Es ist wichtig, die Eigenschaften von Systemen zu kennen: Alles hängt mit allem zusammen! Letztendlich hilft uns systemisches Denken dabei, Komplexität zu reduzieren und Systeme zu verstehen. Dann überblicken wir auch die Tragweite unserer Entscheidungen.

Effektiv entscheiden

Obwohl unser unmittelbares Umfeld unsere Entscheidungen stets mehr oder weniger stark beeinflussen kann, sollten wir unsere Entscheidungen in erster Linie an unseren eigenen Bedürfnissen ausrichten und weniger an den Bedürfnissen oder Wünschen anderer. Das bedeutet keineswegs, dass wir die Belange anderer Menschen nicht berücksichtigen sollten. Doch wenn wir aus unangemessener Rücksichtnahme unsere eigenen berechtigten Interessen vernachlässigen, drohen Fehlentscheidungen, die wir im Nachhinein bereuen. Daher erfordert eine optimale Entscheidung Weitsicht und die Bereitschaft, die Dinge ausgewogen zu betrachten. Manchmal müssen Entscheidungen aber auch spontan und ohne viel Nachdenken getroffen werden. Die folgenden Einstellungen und Fähigkeiten können dazu beitragen, Entscheidungen effektiver zu treffen:

– *Wenn wir uns die persönliche Freiheit herausnehmen, die wir zur Klärung unserer Wünsche und Bedürfnisse benötigen, verbessern wir die Qualität unserer Entscheidungen.* Das Gefühl, Entscheidungen frei treffen zu können, ist außerordentlich wichtig. Eine Voraussetzung dafür ist das Gefühl persönlicher Autonomie. Diese Autonomie können wir nutzen, um uns bestimmten Optionen zu nähern (d. h. diese in Erwägung zu ziehen) und uns von anderen Optionen zu distanzieren (d. h. diese zu verwerfen). Echte Entscheidungsfreiheit kann nur dann entstehen, wenn sowohl unsere Werte als auch unsere Ziele klar sind und wir im Einklang mit diesen entscheiden. Dazu müssen wir unsere Bedürfnisse und Wünsche kennen.

– *Es ist wichtig, den Zugang zu den eigenen Emotionen und Impulsen zu behalten.* Das bedeutet, dass wir in manchen Situationen unserer Intuition folgen und entsprechend entscheiden. Dabei müssen wir uns häufig mit unseren eigenen Ängsten und Befürchtungen auseinandersetzen. Das ist allerdings für viele eine Herausforderung. Entscheidungsfreude ist hingegen unangebracht, wenn wir uns von fremden Meinungen beeinflussen lassen, wenn wir verunsichert oder verzweifelt sind oder wenn wir uns nicht konzentrieren können und verwirrt sind. In solchen Situationen können wir unsere potenziellen Möglichkeiten nicht voll nutzen.

– *Eine gute Informationsgrundlage erleichtert das Treffen von Entscheidungen.* Die Möglichkeit, sich zu informieren und Fragen zu klären, reduziert unsere Verunsicherung und Hilflosigkeit. Wir sollten uns trauen, Fragen zu stellen, wenn wir nicht weiterwissen. Es gibt keine dummen Fragen, höchstens dumme Antworten! Allerdings hilft eine gute Informationsgrundlage nicht immer weiter, beispielsweise bei der Entscheidung für einen Lebenspartner. Meistens ist es hilfreich, für konkrete Lernerfahrung zu sorgen. Wir lernen aus unseren Fehlern, und aus Erfahrung werden wir klug.

– *Die Fähigkeit, unsere Aufmerksamkeit gezielt auf eine Aufgabe zu konzentrieren, verbessert unsere Entscheidungsfähigkeit.* Entscheidungen sind oft Ergebnis eines komplizierten Prozesses. Beim Treffen von Entscheidungen müssen wir verschiedene Aspekte berücksichtigen und gegeneinander abwägen. Wir sollten lieber einige wenige wohlüberlegte Entscheidungen treffen als viele unausgereifte Entscheidungen, die sich im Nachhinein als Fehlentscheidungen herausstellen. Dies erfordert die Fokussierung unserer Aufmerksamkeit auf das wirklich Wichtige. Auf diese Weise können wir unsere Möglichkeiten maximieren.

– *Wenn wir unsere Herangehensweise optimieren, verbessern wir unsere Chance auf gute Entscheidungen.* Das erfordert allerdings Flexibilität. Wir sollten uns darüber im Klaren sein, dass wir frühere Entscheidungen überdenken und Fehlentscheidungen gegebenenfalls revidieren können. Das kann erforderlich sein, wenn wir neue Information erhalten, die uns eine neue Einschätzung der Situation ermöglicht. Auch wenn uns schwerfällt, eine Entscheidung rückgängig zu machen, sollten wir uns manchmal darauf einlassen, damit wir größere Probleme vermeiden. Besonders wenn wir eine Entscheidung verantworten müssen, die zum Nachteil anderer Menschen gereicht, müssen wir uns möglicherweise mit unseren eigenen Schuldgefühlen auseinandersetzen und können uns auf die Vorwürfe der anderen gefasst machen. Wenn wir aber zu dem Schluss kommen, dass eine (Um-)Entscheidung richtig ist, sollten wir uns nicht ohne triftigen Grund von dieser abbringen lassen.

– *Ein intuitiver Zugang zu unseren unbewussten oder emotionalen Seiten erleichtert das Treffen von Entscheidungen.* Intuition kann uns dabei helfen, Entscheidungen zu treffen. Häufig ist der erste Einfall, den wir zu einem Thema haben, die intuitiv richtige Antwort auf eine Frage oder Lösung eines Problems. Manchmal geht der intuitive Lösungsansatz durch rationale Überlegung verloren. Wenn rationale Überlegungen bei einer Entscheidung nicht weiterführen, ist es oft hilfreich, zu dem ersten intuitiven Lösungsansatz zurückzukehren. Manchmal sind spontane Einfälle »schlüssiger« oder »treffender« als die Ergebnisse rationaler Überlegung.

– *Die Fähigkeit, mit Zweideutigkeit umzugehen, erleichtert das Treffen von Entscheidungen.* Wir müssen ein gewisses Maß an Uneindeutigkeit tolerieren, damit wir Entscheidungen treffen können. Dies gilt insbesondere dann, wenn uns bestimmte Informationen fehlen oder die Unterstützung anderer Menschen ausbleibt. Die Fähigkeit, Ambivalenzen auszuhalten, kennzeichnet eine reife Persönlichkeit!

Der amerikanische Psychologe Daniel Kahneman geht von zwei unterschiedlichen Denksystemen aus, die mit unterschiedlichen Geschwindigkeiten arbeiten. Das erste Denksystem arbeitet schnell und intuitiv, während das zweite Denksystem langsamer und rationaler arbeitet. Das, was wir im Lauf der Zeit erleben und erleiden, wird unter dem Einfluss des zweiten Denksystems in der Erinnerung umgedeutet. Die auf diese Weise rückwirkend veränderte Bewertung unserer Erfahrungen beeinflusst unsere aktuelle Entscheidungsfindung. So wirkt sich die Vergangenheit regulierend auf die Zukunft aus. Auch das sollten wir beim Treffen von Entscheidungen bedenken.

Intuitiv entscheiden

Durch Intuition können wir komplexe Probleme oft besser erfassen als durch rationale Überlegung. Intuition bedeutet, dass wir Zusammenhänge erkennen, ohne die Ursache und Auswirkung aller Einzelfaktoren genau zu überblicken. Wir können davon ausgehen, dass sich alles, was wir in der Vergangenheit erfahren haben, auf irgendeine Art und Weise auf unser (Unter-)Bewusstsein auswirkt. Das ist auch der Fall, wenn wir die Ereignisse scheinbar »vergessen« haben, die Ereignisse also unserem bewussten Erinnerungsvermögen unzugänglich sind. Auch unser Unbewusstes ist Ergebnis unserer Lernerfahrung! Durch Intuition ist eine Zugangsmöglichkeit zu diesen psychischen Inhalten gegeben. So können uns Zusammenhänge klar werden, die uns durch Nachdenken nicht zugänglich geworden wären.

Wenn wir unabhängig bleiben und uns nicht gleich auf eine Position festlegen, können wir flexibel agieren und reagieren. Wenn wir uns auch mal in eine andere Person hineinversetzen und uns bemühen, deren Standpunkt zu verstehen, können wir unsere Entscheidungsmöglichkeiten erweitern. Dabei sollten wir unser Selbstvertrauen und unsere Selbstsicherheit nicht aufgeben. Wenn wir hingegen engstirnig, zwanghaft oder ängstlich sind, haben wir keine »gesunde« Distanz zu unserer Umgebung. Dann haben wir auch nicht die Unabhängigkeit, die wir benötigen, um intuitive Entscheidungen zu treffen, und eine wichtige Ressource für das Treffen von Entscheidungen fällt weg.

Zu den besonders wichtigen Entscheidungen im Leben gehören solche, die unsere *materielle Sicherheit* und unser *emotionales Wohlbefinden* betreffen. Beispielsweise steht bei Entscheidungen, die unsere Partnerschaft betreffen, oder bei Entscheidungen über die Investition hoher Beträge viel auf dem Spiel. Derartige Entscheidungen haben eine große Tragweite und müssen daher unbedingt »richtig« entschieden werden. Dazu sollten wir bei der Entscheidungsfindung alle unsere Ressourcen einsetzen, sowohl rationale als auch intuitive.

Unsere Fähigkeit, *intuitive* Entscheidungen zu treffen, hängt von dem Ausmaß der bisher angestellten *rationalen* Überlegung ab. Wenn wir viel Zeit in die rationale Bewältigung eines Problems investiert haben, können wir eher von einer zusätzlichen Entscheidungshilfe durch Intuition ausgehen. Dies liegt daran, dass unsere bewussten Überlegungen eng mit unserem Unbewussten verknüpft sind. Jeder Gedanke erhält durch das Unbewusste eine emotionale »Tönung«. Unsere Emotionen beeinflussen wiederum unsere (scheinbar!) rationalen Gedanken. Denken und Fühlen hängen so eng zusammen, dass sie sich unentwegt gegenseitig beeinflussen. Oft verhindern aber unsere Verdrängungsmechanismen, dass die Emotionen, die unser Denken begleiten, uns bewusst werden (Aneignung!). In manchen Situationen wird die Barriere der Verdrängung durchlässig, und unsere wahren Emotionen kommen zum Vorschein. Dann führen intuitive Entscheidungen zu Ergebnissen, die unseren wirklichen Bedürfnissen am ehesten entsprechen.

Der Psychiater Manfred Spitzer gibt uns folgenden Rat für die Entscheidungsfindung: »Wenn es um etwas Simples geht, schadet Nachdenken nicht allzu viel. Wenn Sie etwas Kompliziertes kaufen, denken Sie bloß nicht nach! Sie sind viel besser, wenn Sie Ihr Hirn machen lassen und es nicht durch zu viel Nachdenken stören!«

 Haben Sie den Mut, gelegentlich eigensinnige Entscheidungen zu treffen. Neue Wege zu gehen, ist zwar mit Risiken verbunden, mit den Risiken gehen aber immer auch Chancen einher.

Die richtige Entscheidung?

Stellen Sie sich ruhig öfters die Frage: Wann fühlt sich eine Entscheidung gut an? Woran erkenne ich eine »richtige« Entscheidung? Wann bin ich mit meiner Entscheidung zufrieden? Die Antworten auf diese Fragen sind für jeden Menschen unterschiedlich. Es liegt an uns selbst, die für uns gültige Antwort zu finden.

 Überlegen Sie sich, wie Sie entscheiden würden, wenn Sie allmächtig wären und sich für Ihre Entscheidung vor niemandem rechtfertigen müssten. Würden Ihre Entscheidungen unter dieser Voraussetzung anders ausfallen?

Wenn wir eine Entscheidung getroffen haben, können wir nie sicher sein, dass es die richtige Entscheidung war. Ein Restrisiko für Fehlentscheidungen bleibt immer! Entscheiden Sie sich daher nicht vorschnell (Tabelle 6).

Tabelle 6: Habe ich die richtige Entscheidung getroffen?

Woran erkenne ich, dass ich die richtige Entscheidung getroffen habe?
Wann fühlt sich eine Entscheidung gut an?
Wann bin ich zufrieden?
Nicht vorschnell entscheiden!

Bei weitreichenden Entscheidungen empfiehlt es sich, mindestens eine Nacht darüber zu schlafen. Treffen Sie eine weitreichende Entscheidung nie im Affekt. Der Psychiater Hans-Peter Unger rät dringend davon ab, in einem Zustand seelischer Erschöpfung wichtige Entscheidungen zu treffen. Wenn man eine Entscheidung getroffen hat, sollte man in der Regel auch dabei bleiben. Manchmal muss man sich für das kleinste Übel entscheiden, manchmal hat man gar keine Wahl!

 Übernehmen Sie die Verantwortung für Ihre Entscheidungen. Schieben Sie die Schuld für Fehlentscheidungen nicht auf andere. Stehen Sie zu Ihren Entscheidungen und tragen Sie die Konsequenzen.

Das zu wissen, bewahrt uns natürlich nicht vor Fehlentscheidungen. Die bei einer Entscheidung erhoffte »Belohnung« kann ausbleiben. Der Psychiater Manfred Spitzer hat in diesem Zusammenhang den Begriff »Belohnungsvorhersagefehler« geprägt. Das bedeutet, dass wir sehr enttäuscht sein können, wenn ein von uns erwartetes positives Ergebnis nicht eintritt. So sollten wir uns das Ergebnis einer Entscheidung also nicht zu positiv ausmalen, damit wir nicht frustriert sind, wenn alles anders wird als gedacht. Das heißt aber im Umkehrschluss, dass Menschen für positive Überraschungen sehr empfänglich sind. Spitzer sagt dazu: »Unser Belohnungssystem springt bei einem positiven Belohnungsvorhersagefehler an: Wenn es besser ist als erwartet!«

 In einer Welt des Zuviel wird der bewusste Verzicht immer wichtiger. Mit Verzicht geht oft Erleichterung einher. Geben Sie Ihren Perfektionismus auf. Begnügen Sie sich mit dem Mittelmaß, sowohl im Arbeitsleben als auch im Privatleben.

Wir sollten eine unverkrampfte und authentische geistige Haltung einnehmen, da sie die intuitive Umgangsweise mit der Realität fördert. Wir sollten die Dinge nicht allzu ernst und uns selbst nicht zu wichtig nehmen. Dann können wir die Herausforderungen intuitiv meistern, für die wir bisher keine rationale Lösungsstrategie hatten. Das ist intuitives Problemlösen!

 Lassen Sie sich nicht durch unvorhergesehene Ereignisse irritieren. Lassen Sie sich nicht ohne Weiteres aus der Bahn werfen. Versuchen Sie, die Dinge so anzunehmen, wie sie nun einmal sind.

Handeln: Das Machbare umsetzen

Handeln bedeutet, das Machbare umzusetzen. Es kommt immer der Zeitpunkt, an dem genug geplant, fantasiert oder geredet wurde und wir handeln müssen. Dann sprechen unsere Taten für sich. Das wollte wohl der deutsche Nationalspieler Lukas Podolski ausdrücken, als er in einem Fernsehinterview am 27. Juni 2010 unmittelbar nach dem WM-Spiel Deutschland gegen England (4:1) sagte: »Im Endeffekt sind die Diskussionen überflüssig ...« Es geht darum, dass wir Entscheidungen auf den Weg bringen. Ein vielleicht etwas zynisch anmutender Rat, der aber in diese Richtung geht, wird in einem Roman des Schriftstellers Rainald Goetz gegeben: »Don't cry – work.« Beim Handeln geht es darum, die Zukunft zu gestalten. Daher kommt es beim Handeln letztendlich auf die Umsetzung in die konkrete Tat an. Durch die Tat kommt unser Wille zum Ausdruck.

 Setzen Sie Prioritäten und konzentrieren Sie sich auf die Aufgaben, die Sie gern erledigen. Machen Sie sich klar, woran Sie erkennen, dass Sie Ihr Ziel erreicht haben. Belohnen Sie sich, wenn Sie ein Ziel erreicht haben.

Unser Handeln lässt sich nicht von unserem Denken trennen. Denken, Verstehen, Entscheiden, Handeln: Diese Aktivitäten stellen ein Kontinuum dar, genau wie es unser Wissen, unser Können, unser Wollen und unser Tun ebenfalls sind. Der Philosoph Peter Bieri meint, wir müssten, um handeln zu können, verstehen, was wir wollen und tun. Wir sollten uns daher stets der Konsequenzen unseres Handelns bewusst sein. Wir können alles tun, aber alles hat Konsequenzen. So, wie wir nicht *nicht* handeln können, können wir auch nicht ohne Konsequenzen handeln, denn so wie das Nichthandeln eine Form der Handlung ist, ist auch das Ausbleiben von Konsequenzen eine Konsequenz. Daher können wir uns ohne Weiteres Muße gönnen, aber auch einmal durch die Wand gehen, sofern wir bereit sind, die Konsequenzen unseres Handelns auf uns zu nehmen.

 Handeln Sie nicht, ohne die Konsequenzen zu bedenken. Wenn ein Problem Ihnen emotional zu schaffen macht, überlegen Sie, ob Ihre Reaktion angemessen ist. Warten Sie, bis Ihre Emotionen abgeklungen sind, bevor Sie reagieren. Oft wird ein Problem nur noch schlimmer, wenn Sie sich in Ihre Emotionen hineinsteigern und entsprechend reagieren.

Wir sollten uns viel öfter die grundsätzliche Frage stellen: Was ist mir wirklich wichtig? Der Soziologe Richard Sennett hat Menschen in Zeiten tiefgreifenden Umbruchs gefragt, wie eine Tätigkeit sein müsse, damit sie diese als wirklich wichtig empfinden. Die Antwort war verblüffend einfach: Die Tätigkeit muss in den lebensgeschichtlichen Zusammenhang des Menschen passen, sie muss ihm das Gefühl der Nützlichkeit geben, und er muss vom objektiven Wert der Tätigkeit überzeugt sein. Diese Sichtweise unterstreicht die Tatsache, dass der Kontext unseres Handelns außerordentlich wichtig ist, wenn wir mit uns selbst als handelnde Menschen zufrieden sein wollen.

 Werfen Sie die Mythen der modernen Arbeitswelt über Bord. Lassen Sie sich nicht einreden, Sie wären nur etwas wert, wenn Sie viel arbeiten. Machen Sie Ihren Selbstwert nicht von der Erfüllung fremder Leistungserwartungen abhängig.

Manchmal müssen wir die Dinge annehmen, wie sie sind. Es geht darum, »wichtige Gegebenheiten hinzunehmen, Entbehrungen mit Gelassenheit zu ertragen und nötigenfalls dem Schicksal zu trotzen«. Mit dieser Haltung stimmt der zeitgenössische Philosoph Wilhelm Schmid mit dem stoischen Philosophen Seneca überein. Diesen Rat umzusetzen ist oft alles andere als einfach. Dabei kann es helfen, eine entspannte Haltung einzunehmen, die häufig auch als »heitere Gelassenheit« bezeichnet wird. Der Theologe Reinhold Niebuhr drückt den Wunsch nach dieser Haltung so aus: »Gott gebe mir die Gelassenheit, Dinge hinzunehmen, die ich nicht ändern kann, den Mut, Dinge zu ändern, die ich ändern kann, und die Weisheit, das eine vom anderen zu unterscheiden.«

 Reduzieren Sie die Anforderungen, die Sie an sich selbst stellen. Korrigieren Sie übertriebenen Ehrgeiz und unangemessenes Leistungsverhalten.

Was macht unser Handeln aus?

Unser Handeln dient letztendlich dazu, die von uns gesteckten Ziele zu erreichen. Es stellt eine fortlaufende Abfolge einzelner Handlungen dar und durchläuft *Phasen unterschiedlicher Intensität*. Dabei wechseln sich meistens Phasen großer Aktivität mit Phasen geringer Aktivität ab. Die Folgen unseres Handelns (z. B. Erfolge oder Misserfolge) geben uns laufend darüber Auskunft, ob unser Handeln uns wirklich unseren Zielen näher bringt. Falls erforderlich, können wir unser Handeln jederzeit ändern oder korrigieren.

Unser Handeln kann nicht einfach mit pausenloser Aktivität gleichgesetzt werden. Aktivität ist kein Wert an sich. Unreflektierte Aktivität ist auch als Aktionismus bekannt, der in aller Regel ins Leere läuft. Auch scheinbar banale Tätigkeiten können einen Sinn haben: Wenn ich meine Papiere abhefte, ist am Ende mein Schreibtisch aufgeräumt.

Ein positiver emotionaler Bezug zum eigenen Handeln ist außerordentlich wichtig. Wenn wir gegen unsere Gefühle handeln, sind wir unglücklich. Aber wenn wir nicht handeln und nur in einer Fantasiewelt leben, werden wir auch nicht glücklich. Daher kommt es darauf an, dass unsere gegenwärtige Gefühlslage einigermaßen mit dem übereinstimmt, was wir gerade tun.

 Unsere Gedanken und Gefühle sind keineswegs wichtiger als das, was wir letztendlich tun. Die Tat ist mächtiger als der Gedanke oder das Wort. Überbewerten Sie daher nicht Ihre Gedanken und Gefühle. Entscheidend ist, wie Sie handeln!

Manchmal kann unser Handeln auch Unterlassungen erforderlich machen. Das bedeutet, dass wir Dinge ausdrücklich *nicht* tun, wir also *nicht* handeln. Für unser Handeln ergeben sich daraus vier mögliche Konsequenzen:

- mehr tun,
- weniger tun,
- etwas anderes tun oder
- weitermachen wie bisher.

Handeln bedeutet also nicht, sich bedingungslos an bestimmte Zielvorgaben zu halten oder vorgegebene Regeln genau einzuhalten. Unser Handeln ist vielmehr ein dynamischer Vorgang, bei dem verschiedene Selbststeuerungsprozesse und Rückkoppelungsmechanismen sich regulierend auswirken. Im Gegensatz zu Entscheidungen, bei denen es darum geht, aus einer Vielfalt verschiedener Möglichkeiten zu wählen, geht es beim Handeln um die Umsetzung von bereits getroffenen Entscheidungen. Erst im Zuge unseres Handelns und in der Konfrontation mit den Auswirkungen unseres Handelns werden die Folgen unserer Entscheidungen deutlich. Alles andere bleibt Theorie.

 Packen Sie die Dinge an, auch wenn Sie im Hintertreffen sind. Warten Sie nicht darauf, dass Sie in Schwung kommen, bevor Sie anfangen zu handeln. Durch Ihr Handeln kommen Sie ganz von selbst in Schwung. Belohnen Sie sich, sobald Sie eine Aufgabe erledigt haben.

Abgesehen von Erfolgskriterien, die von außen an uns herangetragen werden, sind auch unsere *inneren Erfolgskriterien* wichtig. Wir überprüfen den Erfolg unseres Handelns sowohl an äußeren als auch an inneren Kriterien. Damit umfassen die Kriterien für die Bewertung unseres Handelns in besonderem Maße *individuelle* Aspekte.

Wenn wir in unserem Handeln nicht mehr *flexibel* sind, können wir nicht gut auf die gegebenen Bedingungen reagieren. Unser Handeln läuft dann nur noch nach einem bestimmten Schema ab und verliert so seine individuelle Dynamik. Unsere Unfähigkeit, mehrere verschiedene Handlungsabläufe in einen gemeinsamen zeitlichen Kontext zu bringen, verschärft das Problem. Das kann zu unüberlegtem oder kurzsichtigem Handeln führen, das mehr oder weniger automatisch abläuft und nicht von uns bewusst gesteuert wird. Während akut auftretende Probleme oft schnelle Lösungen erfordern, benötigen langfristige Probleme meistens wohlüberlegte Handlungsstrategien.

 Versuchen Sie, möglichst konkrete Lösungen für Ihre Aufgaben oder Probleme zu finden. Nutzen Sie Ihre Möglichkeiten und versuchen Sie darüber hinaus, neue Fähigkeiten zu entwickeln. Es lohnt sich meistens, ausgetretene Pfade zu verlassen und Neues auszuprobieren.

Wenn wir unter Zeitdruck handeln, ist es meistens hilfreich, zwischen »dringenden« und »wichtigen« Angelegenheiten zu unterscheiden. Viele Angelegenheiten werden als »dringend« ausgegeben, obwohl sie bei näherer Betrachtung überhaupt nicht dringend sind. Oft will jemand nur einen lästigen Vorgang möglichst schnell vom Tisch haben und ist auf unsere Hilfe angewiesen. Dann wird typischerweise der Vorgang für »dringend« erklärt. Wirklich »wichtig« ist der Vorgang trotzdem nicht. In solchen Fällen kann eine gezielte »Entschleunigung« die richtige Reaktion auf die »dringende« Angelegenheit sein. Dagegen sollte man sich um Dinge, die erhebliche Folgen nach sich ziehen, die also wirklich wichtig sind, so schnell wie möglich kümmern. Die wirklich wichtigen Vorgänge sind diejenigen Vorgänge, die konkrete Konsequenzen haben, auch wenn sie auf den ersten Blick nicht »dringend« erscheinen.

 Lassen Sie sich nicht unter Zeitdruck setzen. Erledigen Sie Ihre Aufgaben in Ihrem eigenen Tempo. Wer unter Zeitdruck handelt, macht überflüssige Fehler.

Oft wird der Zeitfaktor ins Feld geführt, wenn es darum geht, Ausreden für unerledigte Aufgaben zu finden. Doch diese Ausrede läuft ins Leere, denn jeder Mensch hat genau 24 Stunden Zeit pro Tag. Entscheidend ist vielmehr, was der Einzelne aus seinen 24 Stunden macht. So gesehen ist die Frage nach der Zeit eine Frage nach den eigenen Prioritäten. Wofür möchte ich meine Zeit, die ja die eigene Lebenszeit ist, in erster Linie einsetzen? Diese Frage muss jeder für sich selbst beantworten.

 Bemühen Sie sich aktiv darum, Ihren Arbeitsalltag möglichst abwechslungsreich zu gestalten. Machen Sie öfters Pausen und denken Sie einmal an etwas anderes als an Ihre Arbeit. Arbeit ist nicht das ganze Leben – auch wenn es manchmal so aussieht!

Strategien für unser Handeln

Selbstreflexion und Ethik

Selbstmanagement im Allgemeinen und unser Handeln im Besonderen setzt ein gewisses Maß an Reflexionsfähigkeit und Introspektionsbereitschaft voraus. Ohne Selbstreflexion ist keine kritische Betrachtung der eigenen Persönlichkeit möglich. Der Psychoanalytiker Gerd Rudolf hat zusammengefasst, was aus seiner Sicht eine konstruktive Auseinandersetzung mit der eigenen Persönlichkeit bedeutet:

- sich über die eigene psychische Realität klar werden;
- sich mit der eigenen Lebensgeschichte befassen;
- Selbstreflexion betreiben durch Denken, Empfinden, Erinnern;
- Einsicht in die eigene Persönlichkeit gewinnen;
- Akzeptieren der eigenen psychischen Realität;
- Akzeptieren eigener Gefühle und Bedürfnisse;
- Aushalten von Kränkungen, Ängsten, Zweifeln;
- Konfrontation mit der eigenen Persönlichkeit, eigenen »Schattenseiten«, unerfüllten Bedürfnissen, der Begrenztheit vorhandener Möglichkeiten, den Grenzen der Veränderbarkeit, den Grenzen der Zeit;
- Abschiednehmen von unrealistischen Idealvorstellungen;
- Auseinandersetzung mit seinem Gewissen;
- Bewusstmachen eigener Gefühle und Bedürfnisse;

- Übernahme der Verantwortung für sich selbst;
- Arbeit an der persönlichen Weiterentwicklung.

Hier geht es sehr in die Tiefe! Die gelungene Auseinandersetzung mit der eigenen Persönlichkeit führt normalerweise zur Entwicklung eines stabilen Selbstwertgefühls, das sich aus unseren Fähigkeiten und Entwicklungsmöglichkeiten speist. Selbstentfaltung bedeutet aber *nicht* Konkurrenz mit dem Ziel, andere zu beeinträchtigen oder gar zu schädigen. Das Ziel ist vielmehr ein konstruktives Miteinander. Dabei sollte die Selbstentfaltung eine Bereicherung für alle Beteiligten sein.

 Machen Sie neue Erfahrungen mit sich und anderen Menschen. Nehmen Sie an Aktivitäten mit anderen teil. Erkennen Sie die Leistungen anderer an. Üben Sie das, was Ihnen noch nicht so gut gelingt.

Eine wichtige Einschränkung jeder Selbstentfaltung sind *ethische Grenzen*. Grundfragen der Ethik betreffen das »Gute«, das unser Denken und Handeln maßgeblich bestimmen sollte. Ethische Fragen spielen daher für unser Handeln eine wichtige Rolle. Wir sollten uns die Frage stellen: »Darf ich alles, was ich kann?« Für unser Handeln spielt ferner die *Information,* über die wir verfügen (Aneignung!), sowie unsere *Handlungskompetenz* eine wichtige Rolle. Habe ich wirklich die Information, die ich benötige, um ethisch handeln zu können? Oder sitze ich wegen unzureichender oder unzuverlässiger Information einem Irrtum auf? Und habe ich die erforderliche Kompetenz, um ethisch zu handeln, oder besteht aufgrund fehlender Kompetenz die Gefahr, dass mein Handeln – bei allen guten Absichten – unethisch ist? Die Antworten auf diese Fragen hängen von den Wertmaßstäben ab, die wir für unser Handeln zugrunde legen. Daher sollten wir uns stets die Wertmaßstäbe bewusst machen, die unser Handeln bestimmen.

 Übernehmen Sie die Verantwortung für Ihr Handeln. Stehen Sie zu dem, was Sie tun. Schieben Sie nicht die Schuld auf andere, wenn Ihr Handeln negative Folgen hat.

Schritte zur besseren Selbstregulation

Die Fähigkeit zur Selbstregulation spielt beim Selbstmanagement eine entscheidende Rolle. Daher ist die Optimierung der Selbstregulation für effektives Handeln außerordentlich wichtig. Wir können verschiedene Aspekte der Selbstregulation unterscheiden:

- Selbstbeobachtung,
- Selbstbewertung,
- Selbstverstärkung.

Der Psychologe Frederick H. Kanfer erachtet diese drei Aspekte der Selbstregulation für effektives Handeln als unerlässlich. Diese drei Aspekte hängen eng miteinander zusammen und führen zu einer Belohnung bzw. zu einem Nutzen. Das meint Kanfer, wenn er in diesem Zusammenhang von »Kontingenz« spricht.

 Versuchen Sie, Ihren persönlichen Tages- oder Biorhythmus bewusst wahrzunehmen. Sorgen Sie dafür, dass ein Gleichgewicht zwischen Anspannung und Entspannung, zwischen Aktivität und Erholung besteht.

Selbstbeobachtung spielt besonders bei der Steuerung unseres Handelns eine wichtige Rolle. Selbstbeobachtung hilft uns dabei, ein Gefühl der Kontrolle über unser Verhalten zu entwickeln. Wenn wir uns beispielsweise eingestehen, dass wir aggressive Gefühle jemand anderem gegenüber haben, dann sind wir uns des Problems bewusst, können darüber nachdenken und Schritte zur Lösung des Problems einleiten. *Selbstbewertung* dient der Stabilisierung von Veränderungsprozessen. Wir können unser Verhalten als »relevant« oder »irrelevant«, »angemessen« oder »problematisch«, »veränderbar« oder »unverrückbar« bezeichnen, je nachdem, ob wir die Notwendigkeit einer Verhaltensänderung einsehen oder nicht. Unsere Selbstbewertung wirkt sich unmittelbar auf das Handeln aus und kann dieses entsprechend fördern oder behindern.

Idealerweise sollte die Selbstbewertung uns darin unterstützen, potenzielle Veränderungsziele zu entwickeln (Planung!), damit zielgerichtetes und damit effektives Handeln möglich wird. *Selbstver-*

stärkung ist dann wichtig, wenn es uns gelingt, effektiv zu handeln. Wir sollten uns mittels Selbstverstärkung (d. h. Belohnung) selbst unterstützen und auf diese Weise effektives Handeln weiter fördern. Konkret kann das so aussehen, dass wir uns selbst loben oder belohnen, wenn wir eine Aufgabe gut erledigt oder eine Anforderung erfolgreich bewältigt haben (z. B. »Das habe ich aber gut gemacht« oder »Darauf bin ich jetzt stolz«). Auf diese Weise fördern wir unser eigenes positives Denken und tragen dazu bei, dass wir diese Haltung auch in Zukunft weitertragen.

Sie können Ihr Denken selbst beeinflussen. Geben Sie Ihren positiven Gedanken oder Handlungsimpulsen mehr Raum. Setzen Sie jedem negativen Gedanken oder Handlungsimpuls zwei positive entgegen. Unterbrechen Sie negative Gedankenkreisläufe ganz bewusst und lenken Sie Ihre Gedanken auf etwas völlig anderes.

Grundregeln der Veränderung

Wenn sich eine Veränderung abzeichnet, ist Bestürzung bei den Betroffenen häufig die erste Reaktion. Meistens ist es unser erster Impuls, die Veränderung abzulehnen. Nur allmählich wird die Notwendigkeit einer Veränderung deutlich. Indem wir den Sinn einer Veränderung verstehen, entsteht Akzeptanz. Mit den ersten Veränderungsschritten geht häufig die Bereitschaft einher, die Veränderung mitzumachen und zu schauen, was dabei herauskommt. Auf anfängliche Zuversicht folgt leider oft Enttäuschung über die Rückschläge, die Veränderungsprozesse häufig nach sich ziehen. Meistens folgt jedoch die Einsicht, dass der Veränderungsprozess überwiegend positiv ist und rückblickend die Veränderung sich gelohnt hat.

Veränderungen rufen mehr oder weniger starke Emotionen hervor. Meist treten Angst, Wut und Trauer auf, aber auch Zufriedenheit oder Freude können überwiegen. Angst führt zu Wachsamkeit, Wut steigert unsere Energie und dient damit unserer Selbsterhaltung. Trauer entsteht dann, wenn wir uns von etwas Gutem verabschieden müssen. Mit unserer Trauer würdigen wir aber zugleich auch das

Gute, das wir hinter uns lassen. Das Neue fordert unser Engagement heraus. Daher gehen Veränderungen oft auch mit einem Gefühl der (Vor-)Freude einher. Wenn das der Fall ist, sollten Sie versuchen, andere Menschen mit Ihrem Engagement und Ihrer Freude anzustecken.

Veränderungen kommen nicht durch eine Veränderung der Haltung zustande, sondern durch Verhaltensänderungen! Überlegen Sie einmal, an welchen Ihrer Qualitäten Sie gern arbeiten würden, um sie zu verbessern. Der Psychologe Frederick H. Kanfer hat sechs Grundregeln ausgearbeitet, die dem Einzelnen helfen sollen, sich zu verändern und seine Selbstmanagementkompetenz zu verbessern. Folgende Regeln haben sich als Grundlage für effektives Handeln als nützlich erwiesen:

- *Verhaltensorientiert denken:* Meistens weisen wir die Verantwortung für Misserfolge weit von uns und machen andere dafür verantwortlich. Nur ungern führen wir sie auf unsere eigenen Verhaltensweisen zurück. Bestenfalls schreiben wir Misserfolge scheinbar feststehenden Facetten unserer Persönlichkeit zu: Wir beklagen, dass wir »keine Zeit« hätten oder dass wir nun einmal »Pechvögel« seien. Dabei blenden wir genau das Verhalten aus, das uns in die beklagte Situation geführt hat. Stattdessen sollten wir unsere eigene Rolle bei der Entstehung von Problemen sehen. Dann werden unsere Möglichkeiten klar, eine Situation zu beeinflussen. Das eröffnet Perspektiven für die konkrete Problembewältigung durch Verhaltensänderung.

- *Lösungsorientiert denken:* Häufig konzentrieren wir uns angesichts einer Herausforderung oder eines Problems ausschließlich auf die negativen Seiten und lassen positive Aspekte außer Acht. Für die konstruktive Problembewältigung ist es jedoch sehr hinderlich, nur auf die negativen Seiten eines Problems zu schauen. Allein mit der Erfassung eines Problems ist es noch nicht gelöst. Wir sollten vielmehr die Initiative ergreifen und aktiv auf eine Lösung hinarbeiten. Dabei sollten wir jede neue Handlungsmöglichkeit als wertvolle Chance für die Problemlösung betrachten.

- *Positiv denken:* Für den Selbstmanagementprozess ist es wichtig, die eigenen Stärken und Fähigkeiten zu kennen und diese auch einzusetzen. Wir sollten unsere Aufmerksamkeit in erster Linie auf unsere Handlungsmöglichkeiten lenken und uns die Frage stellen, welche Möglichkeit am ehesten zu unserer eigenen Weiterentwicklung beitragen kann. Wenn negative Optionen überwiegen, sollten wir überlegen, welche Option vergleichsweise am günstigsten ist.

- *In kleinen Schritten denken:* Manchmal sind wir geneigt, unsere Pläne sofort umsetzen zu wollen. Dabei besteht das Risiko, dass wir uns übernehmen und aus dem Plan am Ende nichts wird. Wer beispielsweise körperlich aktiver werden will, sollte seine sportlichen Leistungen *allmählich* steigern und nicht etwa gleich einen Marathon auf sich nehmen. Große Pläne sollten etappenweise umgesetzt werden. Dabei sollten wir berücksichtigen, wie viel Zeit wir erfahrungsgemäß für die einzelnen Schritte benötigen werden. Hier ist gutes Zeitmanagement gefragt.

- *Flexibel denken:* Oft sind wir nicht in der Lage, uns von alten und überholten Überzeugungen zu lösen. Wenn wir aber nicht flexibel sind und neue Denk- und Handlungsweisen zu skeptisch betrachten, ist unsere Fähigkeit, auf neue Anforderungen flexibel zu reagieren, beeinträchtigt. Unvorhergesehene Ereignisse können uns aus der Bahn werfen und zielgerichtetes Handeln erschweren. Wir sollten einsehen, dass es in aller Regel mehrere verschiedene Wege zu einem Ziel gibt. Aber manchmal müssen wir unsere Strategie ändern, um ein Ziel zu erreichen.

- *Zukunftsorientiert handeln:* Viele Menschen neigen dazu, sehr viel über die Vergangenheit nachzudenken. Der ständige »Blick in den Rückspiegel« kann die Sicht auf die Gegenwart verhindern und die Beschäftigung mit der Zukunft blockieren. Die Windschutzscheibe ist wichtiger als der Rückspiegel! Um zielgerichtet handeln zu können, sollten wir unsere Vorhaben an der Zukunft ausrichten.

Effektiver handeln

Während wir Entscheidungen in unserer Vorstellung treffen, sind Handlungen nach außen wirksame Taten, deren Folgen sowohl von uns selbst als auch von anderen gesehen und bewertet werden. So schreibt der Evangelist Matthäus: »An ihren Früchten sollt ihr sie erkennen.« Doch der Kontext, in dem unsere Handlungen erfolgen, ist nicht immer offenkundig. Daher bleibt die Motivation für unser Handeln nach außen hin oft unklar. Fest steht aber, dass unser Handeln so gut wie immer auch andere Menschen betrifft.

Handeln bedeutet ein mehr oder weniger schnelles Wechseln zwischen Phasen ausgeprägter Aktivität und Phasen größerer Ruhe. Unsere Aufmerksamkeit richtet sich abwechselnd nach außen und nach innen. Dabei erwägen wir laufend unsere Handlungsmöglichkeiten, wir kommunizieren, treffen Entscheidungen, interagieren mit anderen usw. Die Folgen unseres Handelns, zum Beispiel die Reaktionen anderer Menschen, zwingen uns dazu, die Richtigkeit unserer Entscheidungen laufend zu überprüfen und gegebenenfalls in Frage zu stellen. Dabei sollten wir mehrere Aspekte im Auge behalten:

- Beim Handeln stellt sich die Frage des *richtigen Zeitpunkts*. Wir handeln nicht nur in einem räumlichen Umfeld, sondern immer auch in einem zeitlichen Kontext. Unabhängig von Phasen der Aktivität und Erholung bedeutet der zeitliche Kontext, dass wir zum richtigen Zeitpunkt handeln. Die alten Griechen haben in diesem Zusammenhang von »Kairos« gesprochen, dem »günstigen Zeitpunkt« oder »glücklichen Moment«. Zudem sollten wir am richtigen Ort sein, wenn wir aktiv werden, da sonst unser Handeln nicht zielführend ist. Wenn mehrere Personen zusammen handeln, ist es wichtig, dass sich jeder der Beteiligten zur richtigen Zeit und am richtigen Ort einbringt. Natürlich ist eine solche Zusammenarbeit nie in jeder Einzelheit vorhersehbar und steuerbar. Trotzdem sollte die Frage des richtigen Zeitpunkts nicht grundsätzlich dem Zufall überlassen werden. Die Wahl des Zeitpunkts ist Sache des Einzelnen. Die Wahl kann glücklich oder weniger glücklich sein. Doch letztendlich geht es darum, eigene Ressourcen möglichst effektiv zu mobilisieren.

- Handeln bedeutet immer auch *Interaktion* mit anderen. Mit unserem Handeln setzen wir uns zwangsläufig der Bewertung und Beurteilung durch andere aus. Kommentare von außen sollten wir als Teil eines übergeordneten Prozesses betrachten, im Zuge dessen wir die Auswirkungen unseres Handelns erfahren (Feedback). Wenn wir unser Handeln allerdings nur noch an den Erwartungen anderer ausrichten, können wir kaum noch unbefangen handeln. Wir sollten also ein angemessenes *Gleichgewicht* zwischen der Erfüllung berechtigter Anforderungen und der Verwirklichung eigener Vorstellungen aufrechterhalten. Gelingt es uns nicht, dieses Gleichgewicht herzustellen, können Schwierigkeiten im Umgang miteinander entstehen, die unser gesamtes Handeln in Frage stellen.

- Manchmal ist ein beträchtliches Urteilsvermögen erforderlich, um die *Auswirkungen unseres Handelns* richtig einzuschätzen, besonders wenn es um die Auswirkungen auf andere Menschen geht. Unsere Worte und Taten können immer fehlinterpretiert werden. Erkennen können wir das beispielsweise daran, dass unser Gegenüber nicht wie erwartet reagiert. Unser Handeln konfrontiert uns oft direkt mit den Folgen. Diese Konfrontation kann sehr unangenehm sein. Menschen neigen dazu, die Folgen ihres Handelns anderen zuzuschreiben und ihre (Mit-)Verantwortung zu bestreiten. Daher sollten wir in einer schwierigen Situation überlegen, welche Anteile wir zu verantworten haben und welche Anteile der andere zu verantworten hat.

- Gerade wenn wir andere Menschen anhand ihres Handelns beurteilen, sollten wir stets im Auge behalten, dass Handeln immer im *Kontext* verschiedener Einflussfaktoren steht. Diese Faktoren sollten wir bei der Beurteilung berücksichtigen. Unser Handeln hängt einerseits von unseren Wünschen und Zielen ab, andererseits beeinflussen die Wünsche und Ziele anderer ebenfalls unser Handeln. Unser Handeln findet also immer in einem größeren Zusammenhang statt. Daher kann es kein von allen Umständen losgelöstes Handeln geben.

- Es gibt einen klaren Zusammenhang zwischen Handeln und Lernen. Handeln erleichtert nicht nur das Lernen (»learning by doing«). Wir sind in unserem Handeln erfolgreicher, wenn wir *Lernbereitschaft* mitbringen. Auch wenn unser Handeln natürlich nicht immer zum gewünschten Erfolg führen kann, lernen wir aus unseren Misserfolgen und Fehlern. Indem wir unsere Handlungsmöglichkeiten erproben, lernen wir, was möglich ist und was nicht. Dadurch werden wir in unserem Handeln sicherer und zuversichtlicher. Die ständige Wiederholung der gleichen Handlungen kann jedoch zu Langeweile führen. Monotone Handlungsabläufe stellen keine Herausforderung dar und der Lerneffekt bleibt begrenzt. Wer gar nicht handelt und nur über den Sinn der Welt philosophiert, kann ebenfalls wenig dazulernen, denn die Auseinandersetzung mit der Welt findet auf der Ebene des Handelns statt. Nur durch konkretes Handeln können wir unsere Ansichten, Überzeugungen und Theorien überprüfen. Nur dadurch können wir unsere Vorstellungen relativieren und Vorurteile korrigieren.

- Das Wesen des Handelns besteht in der konkreten Auseinandersetzung mit der Realität. Damit birgt Handeln immer auch *konkrete Risiken.* Der Begriff Risiko beinhaltet die Möglichkeit, dass etwas geschieht, was nicht geschehen soll. Risiken sind per Definition nicht vorhersehbar. In unserem Handeln sollten wir stets darauf gefasst sein, dass ungeplante Folgen eintreten. Gerade die möglichen langfristigen Folgen unseres Handelns sollten wir im Auge behalten und bei der Nutzen-Risiko-Abwägung unseres Handelns berücksichtigen. Was wir als Risiko wahrnehmen, hängt natürlich sehr von unserer Fähigkeit ab, vorauszuschauen und Ambivalenzen vorwegzunehmen sowie Zukunftsängste auszuhalten, die mit Risiken verbunden sind. Manche Menschen sind ängstlicher als andere. Das kann im Einzelfall zu völlig unterschiedlichen Bewertungen des gleichen Risikos führen.

- Handeln hat schließlich auch etwas mit *Effizienz* zu tun. Effizienz wird häufig mit schnellem Handeln gleichgesetzt oder auch mit

Aktionismus verwechselt. Diese Vorstellung kommt in Sprichwörtern wie »Zeit ist Geld« zum Ausdruck. Die Botschaft an den Einzelnen lautet: »Lass die Zeit nicht verstreichen, sonst entgehen dir wichtige Chancen.« Diese Vorstellung beruht aber auf einem Missverständnis. Zeitdruck und Hektik führen viel eher zu Fehlern und damit zu ineffizientem Handeln. Effizienz erfordert zielorientiertes Handeln zum richtigen Zeitpunkt. Daher sollten wir Prozesse manchmal entschleunigen, um effizient handeln zu können.

 Integrieren Sie kleine Ruhepausen in den Alltag. Achten Sie auch auf Ihr Freizeitverhalten: Verschaffen Sie sich Möglichkeiten zum Ausgleich und zur Erholung.

Nicht handeln

Es gibt allerdings Situationen, in denen Handeln nicht weiterführt. Der Psychologe Dietrich Dörner empfiehlt daher, manchmal *nicht* zu handeln. Blinder Aktionismus führt nirgendwo hin! Diese Vorstellung gibt es seit langer Zeit in China. Über einem Thron in einem der Thronsäle im ehemaligen Kaiserpalast in Peking hängt eine interessante chinesische Kalligrafie. Die beiden Schriftzeichen stehen für *Wu Wei*, was auf Chinesisch »nicht handeln« oder »nicht eingreifen« bedeutet (Abbildung 2).

Abbildung 2: Wu Wei – nicht handeln!

Mit dieser Maxime lässt sich die gesamte taoistische Philosophie auf den Punkt bringen. Diese besagt nicht etwa, dass wir uns stets aus allem heraushalten und uns nicht aktiv beteiligen sollten. Sie besagt vielmehr, dass wir uns manchmal zurücknehmen und die Dinge einfach laufen lassen sollten. Der Philosoph Peter Sloterdijk bezeichnet diese Art von Handeln einfach »Unterlassungshandeln«. Eine ähnliche Haltung wird in der klinischen Medizin als »intensives Zuwarten« bezeichnet: Der Patient bzw. seine Symptome werden zunächst nur aufmerksam beobachtet. Erst bei einer offenkundigen Verschlechterung des Zustands wird medizinisch eingegriffen.

Manchmal kommen wir zu der bestürzenden Einsicht: Aus dieser Situation komme ich nicht heraus! In solchen ausweglosen Situationen fühlen wir uns häufig ohnmächtig und handlungsunfähig. Zugleich haben wir das Gefühl, unter Zugzwang zu stehen und handeln zu *müssen*. Dann ist Pragmatik oft die einzige Möglichkeit, einer solchen Situation zu begegnen und im Ansatz handlungsfähig zu bleiben. Wir können beschließen, eine Situation und den damit verbundenen emotionalen Druck einfach auszuhalten.

Das bedeutet, dass wir unter Umständen eine höchst widersprüchliche Situation aushalten müssen. Allerdings verlangt es uns eine hohe Ambiguitätstoleranz ab. In einer solchen Situation stellt sich die Frage: Wie halte ich den Druck aus? Wie bekomme ich es hin, möglichst wenig zu leiden? Welchen (Rest-)Spielraum habe ich noch? Und welche Freiräume kann ich mir noch schaffen? Der Tennistrainer Peter Smith sagt von sich: »Ich muss gar nichts – ich muss nur sterben!« Mit dieser Erkenntnis können sich auf einmal Freiräume auftun, sowohl in Bezug auf unser Denken als auch in Bezug auf unser Handeln. Scheinbare Zwänge fallen plötzlich weg und der psychische Druck löst sich auf. Ohne Ängste oder Zwänge macht sich ein Gefühl der Freiheit breit, das dann zu neuen Denkmöglichkeiten und Handlungsoptionen führt. Plötzlich sind wir wieder Herr der Lage. Unsere Handlungsfähigkeit ist wiederhergestellt, wenn auch nur in sehr begrenztem Maße. Dann ist die Handlungsunfähigkeit aufgehoben und unsere Ohnmächtigkeit überwunden.

Hindernisse für effektives Handeln

Wenn Probleme uns in unserem Handeln behindern, können wir nicht effektiv auf unsere Ziele hinarbeiten. Der Psychologe Martin De Waele hat eine Reihe von Hindernissen identifiziert, die uns in unserem Handeln beeinträchtigen können:

- *Der falsche Zeitpunkt:* Unser Handeln kann durch schlechte Abstimmung der einzelnen Handlungsschritte empfindlich gestört sein. Manchmal wählen wir den falschen Zeitpunkt, um etwas in Angriff zu nehmen. Dann kann unsere Initiative ins Leere laufen oder Unverständnis hervorrufen. Wenn es uns nicht gelingt, unser Handeln an den momentanen Umständen auszurichten, werden wir sinnlose Handlungsmuster wiederholen. Wenn wir nicht lernen, unser Verhalten entsprechend zu modifizieren, werden wir sehr wahrscheinlich immer wieder die gleichen Fehler machen. Da hilft nur, offen für neue Lernerfahrungen zu sein.

 Handeln Sie nicht vorschnell. Oft geht es darum, den richtigen Moment abzupassen. Wenn der Zeitpunkt Ihnen günstig erscheint, sollten Sie handeln, ohne sich von Kleinigkeiten irritieren oder ablenken zu lassen. Wenn Sie eine Gelegenheit verpassen, sollten Sie sich nicht lange Vorwürfe machen. Schauen Sie nach vorn und unternehmen Sie einen neuen Versuch.

- Misslungener Wechsel zwischen *Aktivität* und *Erholung:* Dieser Wechsel sollte wohlüberlegt erfolgen. Wenn wir die Grenzen unserer körperlichen und psychischen Belastbarkeit nicht wahrnehmen, können wir in einen Zustand völliger körperlicher und seelischer Erschöpfung geraten. Umgekehrt können wir große Chancen verpassen, wenn es uns nicht gelingt, nach einer Phase der Erholung wieder aktiv zu werden. Beim ständigen Wechsel zwischen Aktivität und Erholung ist es wichtig, den richtigen Zeitpunkt zu finden.

Machen Sie Pausen! Viele kleine Pausen tragen zur Erholung mehr bei als wenige lange Pausen. Versuchen Sie nicht, etwas um jeden Preis zu erzwingen. Arbeiten Sie nicht ununterbrochen vor sich hin. Kreativität erfordert Entspannung und Gelassenheit.

- *Zu wenig Echtheit:* Viele Menschen zeigen in ihrer Interaktion mit anderen zu wenig Offenheit und Authentizität. Dadurch entsteht beim anderen schnell der Eindruck von Künstlichkeit und Unaufrichtigkeit. Wenn wir nicht voll und ganz hinter dem stehen, was wir tun, wird unser Handeln zu einer Art Schauspiel. Unser Handeln ist dann nicht auf unsere wirklichen Ziele ausgerichtet, sondern dient anderen Bedürfnissen (z. B. Bedienung unserer Eitelkeit, Erlangung finanzieller Vorteile, Erzielung eines guten Eindrucks usw.). Das Ergebnis ist ein kompliziertes Ablenkmanöver, das nicht nur andere irritiert, sondern uns von unseren eigentlichen Zielen ablenkt. So vermeiden wir zielorientiertes Handeln, anstatt es zu fördern.

 Machen Sie keine gute Miene zum bösen Spiel! Wenn jemand fragt, wie es Ihnen geht, sollte Ihre Antwort so ehrlich wie möglich sein. Trauen Sie sich, über Ihre Sorgen zu sprechen. Sie werden auf mehr Empathie und Verständnis treffen, als Sie denken. Zwischenmenschlicher Austausch dient der Entlastung und eröffnet oft neue Möglichkeiten.

- *Unzureichende Anpassung:* Effektives Handeln setzt Anpassung an die jeweiligen Gegebenheiten voraus. Unser Handeln sollte zur gegebenen Situation passen. Manchmal handeln wir überstürzt und ohne eine Situation wirklich zu überblicken. Dann sollten wir innehalten und auf unsere Wahrnehmung achten. Denn nur wenn wir eine Situation richtig wahrnehmen, können wir sie richtig einschätzen und die richtigen Schlüsse ziehen.

 Bemühen Sie sich aktiv darum, weniger perfektionistisch zu sein und Ihre Ansprüche an sich selbst herunterzuschrauben. Meistens erhalten Sie keinen Dank dafür, dass Sie sich aufreiben. Nehmen Sie daher die Dinge öfter als bisher nicht so genau.

- *Verzögern und Aufschieben:* Unentschlossenheit, langes Zögern und das Aufschieben konkreter Schritte beeinträchtigen unser gesamtes Handeln. Wenn uns unsere wirklichen Ziele unklar sind, verzögern wir nur unser Handeln. Manchmal fällt es schwer, sich für ein bestimmtes Ziel zu entscheiden. Dementsprechend schwer sind auch konkrete Handlungsschritte in diese Richtung. Wir neigen dazu, den ersten Schritt immer wieder aufzuschieben, und sind gefangen in einem Zustand quälender Unentschlossenheit. Diese Ambivalenz verunmöglicht jeden Schritt und hält uns in unserem gesamten Handeln auf. In einer solchen Situation kann es hilfreich sein, unsere Selbstmanagementstrategie zu überdenken und den Entscheidungsvorgang wieder aufzugreifen. Wir sollten unsere Aufmerksamkeit erneut auf unsere wirklichen Prioritäten lenken, unsere Werte und Ziele identifizieren und unsere Motivation prüfen. Danach sollten wir die erforderlichen Handlungsschritte planen. Dann fällt der Beginn nicht schwer.

 Motivieren Sie sich zum konkreten Handeln. Versuchen Sie sich zu überwinden, Dinge zu tun, die Sie bisher vor sich hergeschoben haben. In jedem Menschen steckt genügend Energie, um das zu tun, was wirklich erforderlich ist.

- *Negative Folgen unseres Handelns:* Wenn unser Handeln negative Folgen für uns oder andere Menschen hat, ist der Erfolg unseres Handelns gefährdet. Negative Konsequenzen bewirken eine negative Rückkoppelung und hemmen den weiteren Handlungsablauf. Überblicken wir die möglichen negativen Folgen unseres Handelns, dann ist die Gefahr geringer, effektives Handeln unbeabsichtigt zu verhindern. Daher sollten wir die negativen Konsequenzen unseres Handelns stets im Auge behalten.

 Achten Sie auf Ihre körperliche und psychische Gesundheit. Verzichten Sie nach Möglichkeit auf Suchtmittel wie Alkohol oder Nikotin. Achten Sie auf eine gesunde Ernährung und ausreichende Flüssigkeitszufuhr. Bewegen Sie sich so viel wie möglich. Sorgen Sie dafür, dass Sie genügend Schlaf bekommen.

- *Verzerrte Wahrnehmung:* Falsche Annahmen, irrationale Ängste oder bloße Vorurteile können unsere Wahrnehmung und Bewertung bestimmter Situationen oder die Beurteilung von Menschen verzerren. Das wirkt sich fast automatisch auf unser Handeln aus. Vorurteile gehen in der Regel an den realen Gegebenheiten vorbei und führen zu unangemessenen Handlungen. Handlungen, die auf Vorurteilen beruhen, sind nicht geeignet, uns unseren Zielen näher zu bringen. Wenn wir vermuten, dass wir die Realität verzerrt wahrnehmen, ist es oft hilfreich, die Meinung von jemand anderem einzuholen. Allerdings sollten wir dem Urteilsvermögen dieser Person unbedingt Vertrauen entgegenbringen! Wenn es gelingt, unsere Vorurteile zu relativieren, sehen wir die Realität sehr viel klarer. Das eröffnet flexible Handlungsmöglichkeiten, die uns sonst verschlossen geblieben wären.

 Geben Sie nach Möglichkeit die Kontrolle über wichtige Angelegenheit ab. Trauen Sie sich, andere Menschen um Hilfe zu bitten. Trauen Sie anderen Menschen mehr zu. Geben Sie Verantwortung ab!

- *Innere und äußere Hindernisse:* Um effektiv handeln zu können, sollten wir innere und äußere Hürden überwinden. Wir werden immer wieder auf Hindernisse treffen, die uns in unserem Handeln beeinträchtigen. Diese können in uns selbst liegen (z. B. Angst, Scham, subjektive Zwänge) oder von außen auf uns einwirken (z. B. vorgegebene Regeln, Einschränkungen durch andere). Solche Hindernisse können uns in unserem Handeln erheblich hemmen. Während äußere Hindernisse meistens leicht zu identifizieren sind, tun wir uns mit inneren Hindernissen oft schwerer. Ein sehr häufig auftretendes Hindernis ist Angst. Welche Formen der Angst es gibt, wie unsere jeweiligen Ängste unsere Persönlichkeit bestimmen und welchen Einfluss die Ängste auf unser

Leben haben, hat der Psychoanalytiker Fritz Riemann anschaulich beschrieben.

 Stellen Sie sich vor, wie Sie einer Herausforderung begegnen, wie Sie Hindernisse überwinden und wie Sie schließlich Ihr Ziel erreichen. Nehmen Sie Ihre Erfolge in Gedanken vorweg. Eine positive Haltung einzunehmen kann so leicht sein wie Fahrradfahren: Kopf hoch und nach vorn schauen!

- *Angst:* An sich ist Angst ein völlig normales Phänomen. Angst entsteht angesichts einer echten oder vermeintlichen Bedrohung, das heißt durch die Erwartung unangenehmer Konsequenzen. Flucht oder die Bereitschaft zur Auseinandersetzung sind zwei mögliche Reaktionen. Angst entsteht häufig auch in sozialen Zusammenhängen. Viele Menschen haben Angst vor der kritischen Beurteilung durch andere. Angst kann auf die Situation bezogen angemessen oder unangemessen sein. Angesichts einer tatsächlichen Gefahr ist Angst berechtigt. Wir sprechen hier von »realer« Angst. Droht keine tatsächliche Gefahr, ist Angst objektiv betrachtet unberechtigt. Wir sprechen hier von »irrationaler« Angst. In beiden Fällen erweist sich Angst als Hindernis, das unsere Handlungsfähigkeit beeinträchtigt.

  Jede neue Situation kann Angst hervorrufen. Angst tritt oft gerade dann auf, wenn wir uns in einer ungewohnten Situation befinden und uns keine bewährten Verhaltensmuster zur Verfügung stehen. Gerade in Leistungssituationen entsteht häufig die Angst zu versagen. So fühlen sich beispielsweise viele Menschen unwohl, wenn sie vor einer großen Gruppe sprechen müssen.

  Angst kann ein schlechter Ratgeber sein. Das ist dann der Fall, wenn Angst unsere Flexibilität und Anpassungsfähigkeit beeinträchtigt, so dass wir uns schlecht auf neue Situationen einstellen können. Daher ist es ist wichtig, die eigenen Ängste zu verstehen und Möglichkeiten zu suchen, die Ängste zu überwinden. Dazu sollten wir zuerst unsere Ängste wahrnehmen und sie uns selbst eingestehen. Erst dann können wir versuchen, den Ängsten zu begegnen. Wir sollten lernen, unüberwindliche Ängste zu akzeptieren. Dann beeinträchtigen sie unser Handeln sehr viel weniger.

Haben Sie den Mut, Energie zu entfalten und Ihren Handlungsimpulsen zu folgen. Überwinden Sie Ihre Ängste und gehen Sie auf andere Menschen zu. Mut ist die Fähigkeit, trotz seiner Angst zu handeln!

Schritte zu effektivem Selbstmanagement: Worauf kommt es letztendlich an?

Effektives Selbstmanagement ist eigentlich eine triviale Angelegenheit. Sie erfordert oft nur die Rückbesinnung auf einen guten Umgang mit sich selbst (Tabelle 7).

Tabelle 7: Worauf kommt es letztendlich an?

gegebene Umstände verstehen und akzeptieren
eigene Bedürfnisse erkennen und beachten
andere Menschen hören und ernst nehmen
Interesse für sich selbst und andere haben
sich aktiv einbringen
zu sich selbst finden und gelassen das Leben hüten

Das bedeutet im Einzelnen, seine Erwartungen an sich selbst und andere zu reduzieren, seinen Leistungsanspruch und Perfektionismus zu begrenzen, sich mehr für seine wirklichen Interessen zu engagieren und Ausgleich für alltägliche Belastungen zu suchen. Das bedeutet einerseits, seine Abgrenzungsfähigkeit zu verbessern, und andererseits, seine Regenerationsfähigkeit zu stärken. Sorgen Sie gut für sich und gehen Sie achtsam mit sich um!

Wenn Selbstmanagement zu einer Art Lebensphilosophie wird, ergeben sich daraus wie von selbst bestimmte Haltungen und Verhaltensweisen. Sie machen effektives Selbstmanagement aus und ziehen größere Selbstzufriedenheit nach sich. Sie können uns daher als Merksätze dienen, die uns helfen, Überlastung zu vermeiden und unser Wohlbefinden zu fördern.

- Wir sollten uns genug um uns selbst kümmern, aber nicht aus Egoismus, sondern um unsere eigenen Grenzen zu erfahren. Wir sollten uns selbst nicht vernachlässigen und uns nicht bedingungslos den Anforderungen unserer Umgebung unterwerfen. Wir sollten lernen, wann wir den Anforderungen unserer Umgebung nachkommen sollten und wann unsere eigenen Bedürfnisse Vorrang haben. Wir sollten unseren eigenen Bedürfnissen eine genügend hohe Priorität einräumen. Wir sollten darauf achten, dass unsere Anstrengungen nicht ins Leere laufen.

 Achten Sie darauf, dass Sie genügend Schlaf bekommen. Zu wenig Schlaf kann Ihre körperliche und psychische Gesundheit beeinträchtigen. Für die meisten Menschen sind sieben Stunden Schlaf angemessen.

- Wir sollten darauf hinarbeiten, eine Quelle körperlicher, geistiger und emotionaler Gesundheit zu sein. Wir sollten darauf achten, dass unser Körper, unser Verstand und unsere Gefühle zu unserem Wohlbefinden beitragen. Unser Wohlbefinden wirkt sich über unsere zwischenmenschliche Beziehungen auch auf andere Menschen aus und kommt auf diese Weise uns selbst und anderen zugute.

 Kümmern Sie sich um sich selbst und Ihren Körper. Laufen Sie oder treiben Sie Sport. Genießen Sie die Natur. Musikhören oder Lesen dient der Entspannung und erhöht Ihr Wohlbefinden.

- Wir sollten uns bewusst machen, welche Veränderungen sich in unserem Leben abspielen. Wir sollten uns mit diesen Veränderungen vertraut machen und lernen, sie zu akzeptieren. Auf diese Weise übernehmen wir eine aktive Rolle bei der Auseinandersetzung mit der Realität und entwickeln uns selbst weiter.

- Der Lernprozess, den wir im Lauf unseres Lebens vollziehen, wird in erster Linie von uns selbst gestaltet. Auch in neuen Situationen, in denen es uns schwerfällt, dazuzulernen, sind wir für die Auseinandersetzung mit dem Neuen weitgehend selbst verantwortlich. Wir sind für die Modifikation unserer bisherigen Lernerfahrung und die Anpassung an neue Situationen zuständig. Die Verantwortung dafür können wir nicht auf andere abwälzen.

- Wir sollten uns von Ideologien oder Modeströmungen fernhalten, die der positiven individuellen Entwicklung entgegenstehen. Selbstmanagement ist eine praktische Philosophie, die der Freiheit und dem Wohlbefinden dienen soll und nicht der Einschränkung und Bevormundung.

- Wir sollten uns nicht mit Arbeit belasten, die wir letztendlich nicht kompetent ausführen können. Das betrifft unsere Kompetenz hinsichtlich unserer Qualifikation, tatsächlichen Fähigkeit, Belastbarkeit, Zeit und Motivation. Wir sollten darauf achten, dass unsere Arbeit mit unseren Werten und Zielen übereinstimmt.

- Wir sollten versuchen, unser Engagement und die Energie, die wir in die verschiedenen Bereiche unseres Lebens investieren, im Gleichgewicht zu halten. Wir sollten die unterschiedlichen Facetten der Realität wahrnehmen und die Lebensbereiche identifizieren, die wir bisher möglicherweise vernachlässigt haben.

 Arbeit und Freizeit gehen oft fließend ineinander über. Oft ist die Trennung beider Lebensbereiche schwierig. Verfolgen Sie daher neben der Arbeit gezielt auch Ihre privaten Interessen. Schaffen Sie dafür genügend Freiraum.

- Wir sollten uns vor Augen führen, dass unser Bemühen um die eigene Entwicklung eine wichtige Voraussetzung für die Entwicklung unserer zwischenmenschlichen Beziehungen ist. Je reichhaltiger wir als Menschen sind, desto reichhaltiger sind unsere zwischenmenschlichen Beziehungen.

- Wir sollten effektives Selbstmanagement als Möglichkeit betrachten, besser mit Enttäuschungen, Entmutigung, Überlastung und

Erschöpfung zurechtzukommen. Wir sollten effektives Selbstmanagement aber auch als Möglichkeit sehen, unser Wohlbefinden zu erhöhen, unsere Interaktion mit anderen Menschen zu fördern und dadurch unsere Selbstwirksamkeit zu verbessern.

- Unser Vertrauen in uns selbst und in andere Menschen ermöglicht es uns, sowohl eine führende als auch eine unterstützende Rolle in der Interaktion mit anderen einzunehmen. Dann ist die Einnahme einer fordernden oder sogar strafenden Haltung gegenüber anderen überflüssig.

- Belohnen Sie sich angemessen, wenn Sie einen Erfolg erzielt haben. Loben Sie sich selbst. Loben Sie aber auch andere Menschen. Jeder Mensch hat etwas Lobenswertes an sich.

- Wir sollten uns lieber auf die Veränderung unserer eigenen Einstellung konzentrieren, als den Versuch zu unternehmen, andere Menschen (oder gar die ganze Welt!) zu verändern. Wir sollten uns nicht von Unzulänglichkeiten in unserem Umfeld enttäuschen oder entmutigen lassen. Manche Dinge können wir ändern, andere Dinge sind nicht zu ändern.

- Wir sollten eine realistische Haltung gegenüber existenziellen Fragen wie beispielsweise Leben und Tod oder plötzlichen Veränderungen in unserem Alltag (wie z. B. eine schwere Krankheit) einnehmen. Wir sollten uns vor Augen halten, welche Emotionen existenzielle Ereignisse auslösen. Nach schweren Verlusten können Phasen des Schocks, der Wut und der Resignation auftreten, die schließlich in eine Phase der Akzeptanz übergehen.

- Selbstmanagement bezieht sich nicht nur auf die Gegenwart, sondern auch auf Vergangenheit und Zukunft. Wir sollten bereit sein, unsere bisherigen Erfahrungen zu akzeptieren, auch wenn das mit einem Gefühl der Trauer oder des Bedauerns erfolgt. Manche Erfahrungen sind sehr schmerzlich und lösen in der Erinnerung starke Gefühle aus. Wir sollten den Blick nach vorn richten und uns auf zukünftige Herausforderungen einstellen.

- Schließlich sollten wir unseren Humor nicht verlieren. Durch Lachen lassen sich zwischenmenschliche Spannungen lösen und scheinbar festgefahrene Konflikte oft beseitigen. Unsere Probleme werden zwar durch Humor nicht unmittelbar gelöst, sie erscheinen aber häufig in einem anderen Licht. Dadurch wird eine neue Sicht der Dinge möglich, die gangbare Lösungswege aufzeigt.

 Nehmen Sie die Dinge nicht übermäßig ernst. Alles hat (mindestens!) zwei Seiten. Achten Sie auf die witzigen oder komischen Seiten der Sache, mit der Sie sich gerade beschäftigen. Tragen Sie Enttäuschungen nicht mit Fassung, sondern mit Humor!

Letztendlich erfordert Selbstmanagement die Fähigkeit, laufend Harmonie zwischen den fünf Grundvorgängen (d. h. Aneignung oder Erkenntnis, Beziehung, Planung, Entscheidung, Handlung) herbeizuführen. Diese Vorgänge sind immer mit Veränderungen verbunden. Damit bedeutet Selbstmanagement immer auch die Gestaltung von Veränderung. Wir können Veränderungen aktiv gestalten und für unsere eigene Entwicklung nutzen. Dazu sollten wir das harmonische Ineinandergreifen der fünf Grundvorgänge herbeiführen und für deren gutes Zusammenspiel sorgen. Auf diese Weise können wir unseren Selbstmanagementprozess bewusst gestalten, unsere Selbstwirksamkeit erhöhen und unser Wohlbefinden steigern. Das macht effektives Selbstmanagement aus.

Handeln, der letzte der Grundvorgänge des Selbstmanagements, ist eine Art, sich mitzuteilen. Damit ist Handeln eine Art der Kommunikation. Durch unser Handeln senden wir Signale an andere Menschen, die durch ihre Reaktion Signale an uns zurücksenden. So erhalten wir durch unser Handeln Information über deren Absichten und Handlungsimpulse. Unsere Vorstellungen und Hypothesen über die Welt und die Menschen in unserem Umfeld können wir im Zuge unseres Handelns überprüfen und gegebenenfalls korrigieren.

Die Art und Weise, wie wir handeln, kann effektiv oder weniger effektiv sein. Manchmal entfernt unser Handeln uns sogar noch weiter von unseren Zielen. Doch meistens kommen wir nur durch konkretes Handeln der Erfüllung unserer Wünsche näher. Das zeigt, was für eine große Bedeutung Handeln für alle Lebensbereiche hat. Daher ist Handeln ein wichtiger Schritt zur Selbstverwirklichung und zur Zufriedenheit mit sich selbst.

An dieser Stelle kommen wir erneut auf die Frage nach dem Sinn und Zweck unseres Handelns und damit auch auf die Frage nach dem Sinn und Zweck effektiven Selbstmanagements zurück. Genauso gut könnten wir nach dem Sinn und Zweck des Lebens fragen, denn Selbstmanagement ist ein Teil des Lebens. Der Literaturwissenschaftler Terry Eagleton beantwortet die Sinnfrage so: »Der Sinn des Lebens ist nicht die Lösung eines Problems, sondern eine bestimmte Art zu leben. Er ist nicht metaphysisch, sondern ethisch. Er ist nichts vom Leben Losgelöstes, sondern das, was das Leben lebenswert macht – das heißt eine bestimmte Qualität, Tiefe, Fülle und Intensität des Lebens. In diesem Sinne ist der Sinn des Lebens das Leben selbst, auf eine bestimmte Weise betrachtet.«

Auch Selbstmanagement ist nichts vom Leben Losgelöstes. Selbstmanagement spielt sich im größeren Kontext unseres Lebens ab und soll das Leben lebenswerter machen. So, wie wir leben können, sollten wir daher auch Selbstmanagement betreiben:

- Interesse für sich selbst und andere haben;
- eigene Bedürfnisse erkennen und beachten;
- andere Menschen hören und ernst nehmen;
- gegebene Umstände verstehen und akzeptieren;
- sich einbringen und konkret handeln.

Der Schriftsteller und Lebemann Giacomo Girolamo Casanova meint: »Das Dasein ist köstlich, man muss nur den Mut haben, sein eigenes Leben zu führen.« Den Mut haben, neue Wege zu gehen, darum geht es auch beim Selbstmanagement. Das erfordert allerdings konkrete Schritte. Es bedeutet, möglicherweise auch angesichts klarer Zweifel zu handeln. Manchmal hilft dabei die Devise: Einfach tun! Der Schriftsteller Franz Kafka drückt das sehr viel bescheidener und sachlicher aus: »Wege entstehen dadurch, dass man sie geht.« Wir sollten auf jeden Fall versuchen, unseren eigenen Weg gelassen zu gehen. Der Philosoph Wilhelm Schmid meint, Gelassenheit sei

»ein möglicher Bestandteil der reflektierten Lebenskunst«. Gelassenheit bedeutet in diesem Zusammenhang, »auf das Machen, Wollen, Gestalten zumindest sporadisch zu verzichten«. Der Philosoph Friedrich Nietzsche hat für den Zusammenhang zwischen Gelassenheit und dem Guten ein schönes Bild gefunden: »Alle guten Dinge haben etwas Lässiges und liegen wie Kühe auf der Wiese« (Abbildung 3).

Abbildung 3: »Alle guten Dinge haben etwas Lässiges und liegen wie Kühe auf der Wiese.« (Friedrich Nietzsche)

Hier kommen wir übrigens auf ein Ideal des Taoismus zurück, das auch als Motto für effektives Selbstmanagement gelten kann: Zu sich selbst finden und gelassen das Leben hüten! Darauf kommt es letztendlich an – beim Selbstmanagement wie im Leben.

Literatur

American Psychiatric Association (APA) (1996). Diagnostisches und statistisches Manual psychischer Störungen (DSM-IV). Hogrefe: Göttingen.
Bandura, A. (1977). Self-efficacy. Toward a unifying theory of behavioral change. Psychological Review, 84 (2), 191–215.
Bateson, G. (1981). Ökologie des Geistes. Anthropologische, psychologische, biologische und epistemologische Perspektiven. Frankfurt a. M.: Suhrkamp.
Bateson, G. (1982). Geist und Natur. Eine notwendige Einheit. Frankfurt a. M.: Suhrkamp.
Benkert, O. (2005). Stressdepression. Die neue Volkskrankheit und was man dagegen tun kann. München: C. H. Beck.
Bieri, P. (2001). Das Handwerk der Freiheit. Über die Entdeckung des eigenen Willens. München: Carl Hanser.
Bieri, P. (2011). Wie wollen wir leben? St. Pölten: Residenz Verlag.
De Waele, M., Morval, J., Sheitoyan, R. (1993). Self management in organizations. The dynamics of interaction. Seattle: Hogrefe & Huber.
Dörner, D. (2003). Die Logik des Mißlingens. Strategisches Denken in komplexen Situationen (8. Aufl.). Reinbek: Rowohlt.
Eagleton, T. (2008). Der Sinn des Lebens. Berlin: Ullstein.
Ehrenberg, A. (2004). Das erschöpfte Selbst. Depression und Gesellschaft in der Gegenwart. Frankfurt a. M.: Campus.
Ehrenberg, A. (2011). Das Unbehagen in der Gesellschaft. Frankfurt a. M.: Suhrkamp.
Eliade, M. (1985). Yoga. Unsterblichkeit und Freiheit. Frankfurt a. M.: Suhrkamp.
Freud, S. (1948). Das Unbehagen in der Kultur. Gesammelte Werke, Bd. XIV. London: Imago.
Freudenberger, H. J. (1974). Staff Burn-Out. Journal of Social Issues, 30 (1), 159–165.
Friedman, T. L. (2008). Die Welt ist flach. Eine kurze Geschichte des 21. Jahrhunderts. Frankfurt a. M.: Suhrkamp.
Goetz, R. (1986). Irre. Frankfurt a. M.: Suhrkamp.
Kahneman, D. (2012). Thinking, fast and slow. London: Penguin.
Kanfer, F. H., Reinecker, H, Schmelzer, D. (2012). Selbstmanagement-Therapie. Ein Lehrbuch für die klinische Praxis (5. Aufl.). Heidelberg: Springer.
Marías, J. (2004). Dein Gesicht morgen. I. Fieber und Lanze. Stuttgart: Klett-Cotta.

Montaigne, M. (1953). Essais. Auswahl und Übertragung von Herbert Lüthy. Zürich: Manesse.
Riemann, F. (2003). Grundformen der Angst. Eine tiefenpsychologische Studie (36. Aufl.). München: Ernst Reinhardt Verlag.
Rudolf, G. (1995). Psychotherapeutische Medizin. Ein einführendes Lehrbuch auf psychodynamischer Grundlage (2. Aufl.). Stuttgart: Enke.
Schmid, W. (2008). Philosophie der Lebenskunst. Eine Grundlegung. Frankfurt a. M.: Suhrkamp.
Schmid, W. (2004). Mit sich selbst befreundet sein. Von der Lebenskunst im Umgang mit sich selbst. Frankfurt a. M.: Suhrkamp.
Schwartz, B. (2006). Anleitung zur Unzufriedenheit. Warum weniger glücklicher macht. Berlin: Ullstein.
Seligman, M. E. (1983). Erlernte Hilflosigkeit. München: Urban & Schwarzenberg.
Sennett, R. (1998). Der flexible Mensch. Berlin: Berlin Verlag.
Sennett, R. (2005). Die Kultur des neuen Kapitalismus. Berlin: Berlin Verlag.
Sloterdijk, P. (2005). Im Weltinnenraum des Kapitalismus. Für eine philosophische Theorie der Globalisierung. Frankfurt a. M.: Suhrkamp.
Sloterdijk, P. (2009). Du mußt dein Leben ändern. Über Anthropotechnik. Frankfurt a. M.: Suhrkamp.
Sprenger, R. K. (2002). Das Prinzip Selbstverantwortung. Wege zur Motivation (11. Aufl.). Frankfurt a. M.: Campus.
Unger, H. P., Kleinschmidt, C. (2006). Bevor der Job krank macht. Wie uns die heutige Arbeitswelt in die seelische Erschöpfung treibt und was man dagegen tun kann. München: Kösel.
Wehmeier, P. M. (2001). Selbstmanagement. Organisationsentwicklung und Interaktion. Sternenfels: Wissenschaft & Praxis.
Weiss, H., Harrer, M. E, Dietz, T. (2010). Das Achtsamkeits-Buch. Stuttgart: Klett-Cotta.
Zimmer, H. (1997). Der Weg zum Selbst. Lehre und Leben des Shri Ramana Maharshi (8. Aufl.). München: Diederichs Gelbe Reihe.

Literaturempfehlungen

Adams, S. (1997). Das Dilbert-Prinzip. Die endgültige Wahrheit über Chefs, Konferenzen, Manager und andere Martyrien. Landsberg am Lech: Verlag Moderne Industrie.
Burisch, M. (2010). Das Burnout-Syndrom (4. Aufl.). Heidelberg: Springer.
Ciompi, L. (2005). Die emotionalen Grundlagen des Denkens. Entwurf einer fraktalen Affektlogik (3. Aufl.). Göttingen: Vandenhoeck & Ruprecht.
Fischli, P., Weiss, D. (2003). Findet mich das Glück? Köln: Walther König.
Fredrickson, B. I. (2011). Die Macht der guten Gefühle. Frankfurt a. M.: Campus.
Fuchs, T. (2013). Das Gehirn – ein Beziehungsorgan. Eine phänomenologisch-ökologische Konzeption (4. Aufl.). Stuttgart: Kohlhammer.
Grün, A. (2012). Quellen innerer Kraft. Erschöpfung vermeiden – positive Energie nutzen (7. Aufl.). Freiburg: Herder.
Hampe, M. (2009). Das vollkommene Leben. Vier Meditationen über das Glück. München: Carl Hanser.
Kets de Vries, M. (1984). The neurotic organization. New York: International Universities Press.
Kipp J., Unger, H. P., Wehmeier, P. M. (2012). Beziehung und Psychose. Leitfaden für den verstehenden Umgang mit schizophrenen, depressiven und manischen Patienten (3. Aufl.). Gießen: Psychosozial-Verlag.
König, J. C., Kleinmann, M. (2006). Selbstmanagement. In H. Schuler (Hrsg.), Lehrbuch der Personalpsychologie (2. Aufl., S. 331–348). Göttingen: Hogrefe.
Lazarus, A. A., Lazarus, C. N. (2002). Der kleine Taschentherapeut. In 60 Sekunden wieder o. k. (4. Aufl.). Stuttgart: Klett-Cotta.
Litzcke, S., Schuh, H., Pletke, M. (2013). Stress, Mobbing, Burn-out am Arbeitsplatz. Umgang mit Leistungsdruck – Belastung im Beruf meistern (6. Aufl.). Heidelberg: Springer.
Maier, C. (2005). Die Entdeckung der Faulheit. Von der Kunst, bei der Arbeit möglichst wenig zu tun (5. Aufl.). München: Goldmann.
Marcuse, L. (1972). Philosophie des Glücks von Hiob bis Freud. Zürich: Diogenes.
Meckel, M. (2010). Brief an mein Leben. Erfahrungen mit einem Burnout. Reinbek: Rowohlt.
Meichenbaum, D. (2003). Intervention bei Stress. Anwendung und Wirkung des Stressimpfungstrainings (2. Aufl.). Bern: Hans Huber.
Metzinger, T. (2010). Der Ego Tunnel. Eine neue Philosophie des Selbst. Von der Hirnforschung zur Bewusstseinsethik (8. Aufl.). Berlin: Berlin Verlag.

Schein, E. H. (2008). Führung und Veränderungsmanagement. Persönlichkeit als Motor von Organisationskultur und Organisationstransformation. Köln: Edition Humanistische Psychologie.

Schulz von Thun, F. (2002). Miteinander reden 1. Störungen und Klärungen. Allgemeine Psychologie der Kommunikation (36. Aufl.). Reinbek: Rowohlt.

Schuseil, P. (2013). Finde dein Lebenstempo. Mit dem richtigen Tempo zu mehr Leben. Offenbach: GABAL Verlag.

Senge, P. M. (2006). Die fünfte Disziplin. Kunst und Praxis der lernenden Organisation (10. Aufl.). Stuttgart: Klett-Cotta.

Stark, M., Sandmeyer, P. (1999). Wenn die Seele S.O.S. funkt. Fitneßkur gegen Streß und Überlastung. Reinbek: Rowohlt.

Storch, M., Krause, F. (2007). Selbstmanagement – ressourcenorientiert. Grundlagen und Trainingsmanual für die Arbeit mit dem Zürcher Ressourcen Modell (ZRM) (4. Aufl.). Bern: Hans Huber.

von Rosenstiel, L. (2000). Grundlagen der Organisationspsychologie. Basiswissen und Anwendungshinweise (4. Aufl.). Stuttgart: Schäffer-Poeschel.

Watzlawick, P., Beavin, J. H., Jackson, D. D. (2007). Menschliche Kommunikation. Formen, Störungen, Paradoxien (11. Aufl.). Bern: Hans Huber.

Watzlawick, P., Weakland, J. H., Fisch, R. (2009). Lösungen. Zur Theorie und Praxis menschlichen Wandels (7. Aufl.). Bern: Hans Huber.

Wehmeier, P. M. (1991). Medical Student Distress: Eine schöne neue Welt? Zeitschrift für patientenorientierte Medizinerausbildung (POM), 9, 91–105.

Weimer, S., Pöll, M. (2012). Burnout – Ein Behandlungsmanual. Baukastenmodul für Einzeltherapie und Gruppen, Klinik und Praxis. Stuttgart: Klett-Cotta.

Yalom, I. D. (2010). In die Sonne schauen. Wie man die Angst vor dem Tod überwindet. München: BTB.

Zeier, H. (1992). Arbeit, Glück und Langeweile. Psychologie im Alltag. Bern: Hans Huber.

Personenregister

Aristoteles 104
Bandura, Albert 21
Bateson, Gregory 34
Benkert, Otto 18
Bernstein, F. W. 118
Bieri, Peter 103, 132
Buridan, Johannes 103
Casanova, Giacomo 159
Chaplin, Charlie 17
Corssen, Jens 98
De Waele, Martin 21, 42, 109, 148
Dörner, Dietrich 97, 101, 146
Eagleton, Terry 159
Ehrenberg, Alain 17 f.
Eliade, Mircea 52
Freud, Sigmund 18 f.
Freudenberger, Herbert 17
Friedman, Thomas 15
Gadamer, Hans-Georg 29
Goetz, Rainald 132
Heraklit 38
Kafka, Franz 159
Kahneman, Daniel 127
Kanfer, Frederick 20, 88, 90 f., 94, 97, 100, 122, 139, 141
Kant, Immanuel 19
Marías, Javier 15
Matthäus 143
Montaigne, Michel de 13
Niebuhr, Reinhold 133
Nietzsche, Friedrich 160
Podolski, Lukas 132
Riemann, Fritz 152
Rogers, Carl 66
Roth, Eugen 18
Rudolf, Gerd 137
Schmid, Wilhelm 15, 20 f., 104, 133, 159
Schwartz, Barry 105
Seligman, Martin 47
Seneca 133
Sennett, Richard 133
Sloterdijk, Peter 15, 24, 85, 147
Smith, Peter 147
Spitzer, Manfred 59 f., 129, 131
Sprenger, Reinhard 26, 59 f., 80, 102
Twain, Mark 78
Unger, Hans-Peter 17 f., 24, 130
Weiss, Halko 52
Zimmer, Heinrich 52

Sachregister

Abhängigkeit 70
Absender 50
Abstraktion, reflektierende 35
Abwehr 111, 114
Achtsamkeit 52
Affektisolierung 112
Aggression, passive 113
Akkommodation 29
Aktionismus 134, 146
Aktivität 143, 148
Akzeptanz 52, 66, 157
Alleinsein 104
Alternativen 97
Alternativen, widersprüchliche 107
Alternativhypothesen 123
Ambiguitätstoleranz 147
Ambivalenz 51, 88, 107, 127
Aneignung 25, 28
Aneignung,
  Beeinträchtigung 42, 71
  Formen 38
  Mehrdimensionalität 39
Angst 46, 152
Angstbewältigung 90
Ängste 33, 46, 126
Anpassung, unzureichende 149
Ansichten, überholte 42, 54
Appellebene 63
Arbeitsorganisation 89
Ärger 59, 68
Assimilation 29
Atmosphäre 39, 41, 89
Attribuierungsfehler 120
Aufmerksamkeit 40, 126

Aufschieben 150
Ausagieren 113
Aussagen, klare 54
Austausch,
  offener 124
  zwischenmenschlicher 68
Auswahl 15, 93, 109
Auswertungsphase 91
Authentizität 63, 149
Autonomie 125

Bedingungsanalyse 94
Bedürfnisse, ungelebte 33
Bedürftigkeit 33
Belastung, psychische 12, 113
Belohnungsvorhersagefehler 131
Beschleunigung 13
Bestrafung, Angst vor 110
Bewertung 123 f.
Beziehung 25, 57, 60, 68
Beziehungen 156
Beziehungen,
  Arten 58
  Beeinträchtigung 71, 76
  soziale 94
  Verbesserung 75
Beziehungsebene 63
Beziehungsklärung 67
Beziehungsmuster 67
Beziehungsprozess 65
Burnout 17

Chancenraum 85
Chaos 15

Sachregister

Dekompensation, psychische 17
Denken 21, 32, 132
Denken,
    flexibles 142
    lösungsorientiertes 141
    positives 142
    systemisches 36, 125
    verhaltensorientiertes 141
Denkmuster 53
Depression 17
Details, irrelevante 42
Dilemma 51, 103
Distanz 69, 76
Doppelbindung 49
Dringlichkeit 92, 96
Druck, emotionaler 121
Du 57
Dynamik, Systeme 33

Echtheit 66, 149
Effizienz 145
Egoismus 154
Eigenverantwortung 81
Emotionen 32, 45, 53
Emotionen, Zugang 126
Empfänger 50
Energie 101, 156
Engagement 156
Entscheiden 103, 125, 128
Entscheidung 25, 109
Entscheidung,
    Abwehr 114
    bessere 122
    einsame 124
    intuitive 128
    reaktive 115
    richtige 130
    unfreie 117
Entscheidungsdruck 12, 15
Entscheidungsfindung 118, 128
Entscheidungsfreiheit 116, 125
Entscheidungsheuristik 122
Entscheidungsoptionen 12, 106
Entschleunigung 136
Entspannung 90, 149

Enttäuschung 51, 59, 157
Entwertung 112
Entwicklung 61, 87
Entwicklungsanalyse 94
Erfahrungen 111, 128, 157
Erfolg 11, 18
Erfolgskriterien 135
Erholung 148
Erinnerungen 32, 112, 128
Erkenntnis 26, 56
Erleuchtung 24, 87
Erschöpfung, psychische 12, 130
Erschöpfungsspirale 17, 24
Ethik 137 f.
Evolution 79
Externalisierung 98

Feedback 40, 74, 86, 144
Fehlentscheidungen 118 f.
Fehler 38
Fehlerquellen 122
Flexibilität 126
Freiheit, persönliche 103, 125
Freude 60, 141
Fühlen 28, 32
Funktionsbedingungsmodell 37
Funktionsfähigkeit 24

Geborgenheit 87
Gegenargumente 123
Gegenwart 142, 157
Gelassenheit 13, 19, 133, 159 f.
Geld 15
Gemeinsamkeiten 68 f.
Generalisierung, fehlerhafte 121
Genussfähigkeit 90
Gesellschaft, Unbehagen in der 18
Gestik 49
Gesundheit 24, 155
Glück 19, 87
Grundvorgänge des Selbstmanagements 25, 43, 46
Gruppe 74, 117
Gruppendynamik 117
Gruppeninteresse 74

Hamsterrad 78
Handeln 25, 32, 109, 132
Handeln,
 effektives 139, 143
 zukunftsorientiertes 142
Handlungsspielräume 11, 80
Hass 59
Hilflosigkeit, erlernte 47
Hindernisse, innere 151
Hören 28, 54
Humor 113, 158

Ich 57
Idealisierung 112
Idealvorstellungen 33
Identität 49, 61
Ideologie 156
Imperativ, kategorischer 19
Improvisation 81
Impuls, spontaner 89
Individualität 53, 62
Individuum 31
Ineffizienz 78
Information 28, 40, 55, 109
Information,
 neue 43
 nutzlose 43
Informationslücken 123
Informationsverarbeitung,
 effektive 119
 verzerrte 120
Inkongruenz 44
Instabilität, begrenzte 101
Instinkte 68
Integration 23, 92
Intelligenz, operative 85
Intention 109
Interaktion 65, 117, 144
Interesse 41, 74
Intervention 85, 93
Introspektion 36
Introspektionsbereitschaft 137
Intuition 41, 81, 127 f.
Irrtum 80, 86

Kairos 143
Kommerzialisierung 14
Kommunikation 51, 62 f., 158
Kommunikation, Verbesserung 73
Kommunikationsfähigkeit 89
Kommunikationsmuster, paradoxe 62
Kompetenz 108, 156
Kompetenz, soziale 89
Komplexität, Systeme 12, 33
Kompromissbildung 112
Konflikte 65, 68, 108
Konfliktvermeidung 44, 73
Konfrontation 67
Können 87
Konsequenzen 37, 55, 132
Kontext 143 f.
Kontingenz 139
Kontrolle, Illusion der 120
Konventionen, gesellschaftliche 23
Korrelation, scheinbare 120
Kränkbarkeit 33
Krankheit 157
Kränkung 68
Kritik 118
Kultur, Unbehagen in der 18

Lachen 114
Leben 157, 160
Lebensinteressen 24
Lebensphilosophie 21, 154
Leichtigkeit 87
Leid 60
Lernbereitschaft 52, 145
Lernen 145
Lernen, soziales 21
Lernerfahrung 128
Lernprozess 155
Leugnung 98
Liebe 87
Liebesverlust 104
Lösung 122

Macht 58
Maßnahmen, konkrete 97

Sachregister

Maximizer 105
Metastrategie 35
Mimik 49
Misstrauen 68
Missverständnisse 64 f.
Mitteilungsebenen 64
Modeströmung 156
Motivation 23, 86, 109
Motivationsanalyse 94

Nähe 69, 76
Neid 59
Neugier 41
Nichthandeln 132, 134, 146
Notwendigkeit 109
Nützlichkeit, Gefühl 133

Offenheit 52, 65, 109, 149
Ohnmacht 58
Optionen 109
Ordnung 15
Organismus 37
Orientierung 109

Persönlichkeit 137
Persönlichkeitsentwicklung 61, 66
Philosophie, praktische 21
Planbarkeit, Grenzen 100
Planung 25, 78, 80, 101
Planung,
  Bedingungen 82
  operative 85
  Probleme 98
  strukturierte 93
Prägung, kulturelle 110
Prioritäten 92, 95, 97, 109
Privatsphäre 23
Problembeschreibung 94
Problembewältigung, konkrete 141
Problemlösen 89, 141
Problemlösen,
  adaptives 121
  dynamisches 100
  intuitives 131
  operatives 84

Problemlösungsprozess 22, 85
Problemstruktur 85
Produktionsphase 90
Projektion 73, 112
Prokrastination 98
Prophezeiungen, selbsterfüllende 120
Prozess, heuristischer 86
Psychohygiene 13

Qual der Wahl 103

Rationalisierung 98, 113
Reaktion 37
Reaktionsmuster 37
Realität 26, 32
Realitätsprüfung 55
Reflexionsfähigkeit 33, 137
Regeln 61, 100, 122
Resignation 157
Ressourcen 87, 96, 129
Reue 59
Riechen 28
Risiken 116, 145
Risikobereitschaft 80
Risikoerwartung 81
Rolle 72
Rückkoppelung 30
Rückwärtsplanung 86
Ruhe 143

Sachinformation 63
Samadhi 52
Satisficer 105
Schemata 29, 67
Schemata,
  emotionale 31
  Wechselwirkung 31
Schlussfolgerungen, Entautomatisierung 123
Schmecken 28
Schritte, kleine 142
Schwächen 39
Sehen 28, 54
Selbst 72

Selbstauskunft 63
Selbstbeobachtung 139
Selbstbewertung 139
Selbstbild 33
Selbstentfaltung 138
Selbstinstruktion 89
Selbstkontrolle 20, 89
Selbstkontrolle, Analyse 94
Selbstkonzept 32, 44
Selbstmanagement 12, 20, 159
Selbstmanagement, fünf Aspekte 25
Selbstmanagementkompetenz 24
Selbstreflexion 137
Selbstregulation 20, 139
Selbstschemata 30 f.
Selbstverstärkung 139 f.
Selbstwertgefühl 68
Selbstwirksamkeit 21, 157
Sicherheit, materielle 128
Sicherheitsbedürfnis 80
Sinn 134, 159
Situation 37, 46, 101, 121
Situation, unerwartete 89
SORK 37
Spaltung 113
Spaß 20
Stärken 39, 142
Stimmung 74, 81
Störbarkeit 33
Stress 15, 63
Subjektivität, radikale 81
Sublimation 113
System 33
System,
   komplexes 124
   offenes 79
Systemtheorie 22

Taoismus 147, 160
Tod 157
Tonfall 50
Träumen 78
Trennung 70

Überforderung 17, 43
Überlastung 43
Überlebensregeln 61
Umfeld, Analyse 94
Umgang, guter 21
Umsetzung 86, 98, 109
Umwelt 31, 40, 52
Unbehagen 18
Unentschlossenheit 12, 107
Unfähigkeit 72
Ungewissheiten 100
Unklarheit 100
Unschärfe 100 f.
Unsicherheit 88, 110
Unterlassungshandeln 147
Unterstützung 70, 72
Unwissenheit 45
Unzufriedenheit, allgemeine 89

Vedanta 52
Veränderung 13 f., 155
Veränderung, Grundregeln 140
Verantwortung 59, 92, 144, 156
Verdrängung 112
Vergangenheit 128, 157
Verhaltensänderung 139, 141
Verleugnung 112
Versagensängste 12
Verstehen 59, 66
Versuch 24, 86
Vertrauen 21, 157
Verzerrungen 112, 122
Verzögern 150
Vielfalt 15, 83, 103
Vorurteile 111

Wahl der Qual 103
Wahrheit 26, 34
Wahrnehmung 73, 151
Wahrnehmung,
   selektive 120
   verzerrte 151
Wandel 14, 16
Weisheit 21

Sachregister

Werte 18f., 91
Wertmaßstäbe 138
Wertschätzung 66
Wichtigkeit 96
Widersprüche 107
Widersprüche, innere 48, 51
Wille 109
Wirklichkeit 14, 26
Wohlbefinden 59, 155, 157
Wohlbefinden, emotionales 128
Wollen 87, 93
Work-Life-Balance 20, 23
Wunsch 109, 115, 117
Wut 59, 157
Wu Wei 146

Yoga 52

Zeit 76, 91, 136
Zeitdruck 100, 136
Zeitmanagement 23, 89, 142
Zeitpunkt,
 falscher 148
 richtiger 143
Zielbestimmung 93, 95
Ziele 90, 109
Ziele, unrealistische 97f.
Zielkonflikte 88
Zielstruktur 85
Zielverfolgung 85f., 88
Zielvorstellung, schwankende 89
Ziel-Wert-Klärung 87f., 90
Zögern 150
Zufall 80
Zuhören 73
Zukunft 100, 128, 132, 157
Zukunftserwartungen 81
Zustandsanalyse 94
Zwänge, institutionelle 23, 118
Zweideutigkeit 48, 54, 127

Zum Weiterlesen empfohlen V&R

Luc Ciompi
Die emotionalen Grundlagen des Denkens
Entwurf einer fraktalen Affektlogik
3. Auflage 2005. 371 Seiten, mit 6 Abb., kartoniert
ISBN 978-3-525-01437-0

Eine radikale neue Sicht: Wie Gefühle und Erfahrungen aufeinander wirken und dabei unsere Welt erschaffen.

Hermann Rühle
Sie brauchen einen Plan B!
Wie Sie beruflichen Krisen zuvorkommen
2011. 176 Seiten, mit 6 Abbildungen und 7 Cartoons von Jörg Plannerer, kartoniert
ISBN 978-3-525-40334-1

E-Book: ISBN 978-3-647-40334-2

Nach der Krise ist vor der Krise. Meistern Sie die Unwägbarkeiten des Berufslebens, indem Sie ihnen zuvorkommen: durch rationale Zielsetzung und Planung des Zufalls.

Christoph Eichhorn
Souverän durch Self-Coaching
Ein Wegweiser nicht nur für Führungskräfte
4. Auflage 2009. 191 Seiten, mit 6 Abb., kartoniert
ISBN 978-3-525-49004-4

Ein Trainingsprogramm, das eigene Stärken fördert und auf den Wunsch nach persönlichem Wachstum baut.

Rudolf Stroß
Die Kunst der Selbstveränderung
Kleine Schritte – große Wirkung
2. Auflage 2009. 299 Seiten, mit 21 Abb., kartoniert
ISBN 978-3-525-40410-2

»Rudolf Stroß verknüpft Tiefgang und Humor auf anschauliche Weise, so dass Sie nach der Lektüre ein Schmunzeln zurückbehalten und einen kleinen Druck: ›Beginne heute mit dem ersten Schritt‹!«
Barbara Hofmann-Huber, www.coachingbuero.de

Gerda Jun
Unsere inneren Ressourcen
Mit eigenen Stärken und Schwächen richtig umgehen
2. Auflage 2008. 202 Seiten, mit 20 Abb., kartoniert
ISBN 978-3-525-45373-5

»Gerda Jun hat ein Buch vorgelegt, das den Blick des Lesers für sich selbst und die anderen Menschen schärft, somit Menschenkenntnis in einem sehr differenzierten Sinn vermittelt.«
Burkhard Bierhoff, socialnet.de

Vandenhoeck & Ruprecht